修斯的秘密笔记
澳大利亚的遥远来信

谢隆岗　著
谢泽冰　绘

中国国际广播出版社

永远不要停下发现世界的脚步

小时候，我养成了一个很特别的习惯，总喜欢盯着世界地图看，找认识的或是不认识的国家，做着长大以后可以周游世界的美梦。虽然歌词里说外面的世界很精彩，但到底是不是精彩，又是怎样的精彩，我也不知道。但我知道，那是个很不一样的世界，我想去看看。

那时候觉得最理想的职业莫过于《正大综艺》的外景主持，可以始终保持着对这个世界的热情，走在不同的陌生角落里，去发现，去体验。这几年，因为工作的原因，我去了很多国家，看到了不同的风景，参观了不同的博物馆，踏访了不同的文化遗产。这个美梦，我正在一点一点地实现着。

但偶尔想起来，总觉得自己出发晚了，所以，几乎每次在和家长交流时，我总会说，趁着孩子还在愿意与你同行的年纪，享受行走在世界旅途上的乐趣吧。有些乐趣是偶然从生命的拐角处出现在你面前，也许这个乐趣，在短暂的人生里也只会出现这短暂的一瞬。除了乐趣，我们为什么要和孩子去行走呢？

为了好奇。始终愿意去探寻，始终愿意去尝试的好奇心，对今天的人们来说是多么的难能可贵。这份好奇会时不时地点燃我们生活里的热情，给予平淡的时光更多的色彩。对的，生命的色彩本该是绚丽的，尤其是童年。

为了视野。世界正是因为它的不同而美丽。当我们行走其中，时时都在观察着、感受着、理解着这其中的不同。除了在自己专业领域的深耕之外，更加开阔的视野会带给我们意想不到的惊喜。

为了胸怀。当我们的孩子眼中看到的不同更多，心中思考的不同更多，他们的胸怀里所能容纳的世界也会更大。即使面对再大的困难，他们也会以积极的心态去回应，以包容的内心去接纳，始终保持着对美好的憧憬。

学习伴随着每个人的一生。在家庭的学习，当我们离开家庭时就不存在了；学校的学习，当我们离开学校时就不存在了；只有在公共空间中的学习，是伴随我们终生的。这个公共空间不仅是我们身边的博物馆、美术馆、科技馆等等，更是我们可以行走到的不同国度。

在我眼里，这不是一套为大家介绍旅行的路书，而是一份带领我们去寻找这个世界相同与不同的索引书：从生活的细节到文学的领悟，都可以在其中找到。

在读这套书时，有时会觉得像是在听一个老朋友正讲述着他旅途里的见闻，那样兴致勃勃，那样不期而遇，让自己也随着他的眼睛去看了遍世界；有时候呢，又觉得回到了主人公修斯的角度，去听各位亲人的聊天，把这个国家最精彩，也最浪漫的故事讲给了自己。章节后的互动部分也很用心，书中的内容自然地延展到外面，能激发孩子更多的学习和寻找。

人生其实说长也不长，说短也不短，就看我们以怎样的心境去面对。阅读也罢，行走也罢，我们首先要找到的是一份美好，是一行小诗被自己诵读出来的美好，是一处景致被自己拍摄记录的美好。人生不正是由这样从未间断过的小美好组成的吗？愿你在这本书里，可以找到一份属于自己的美好。

世界真的很大很精彩，请永远不要停下发现世界的脚步。

朋朋

目录

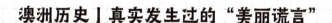

走遍澳洲｜城市和小镇

走遍澳洲｜海滩和国家公园

遗世独立的动植物丨我们在澳大利亚

澳洲日常丨生活如此多娇

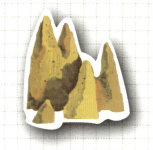

文化艺术｜碰撞出的别样精彩

澳洲教育｜可能比你以为的还要强

附录｜前往澳大利亚的重要联系方式和注意事项

修斯，我亲爱的女儿：

一转眼，我们已经分别快一年了，隔着浩瀚的太平洋，爸爸每天都更加想念你和妈妈。虽然我们经常视频或打电话，但我还是想用写信这种更加传统的方式来记录下我们分别的这段日子，毕竟，用文字记录下来的心情和关于澳大利亚的点点滴滴，若干年后你还能再细细浏览。

当然，若干年后，你已经是个大姑娘了。到那时，对于澳大利亚、对于整个世界，你都会有自己的了解和看法。但现在，在你还处于懵懵懂懂的年纪，还没有对这个世界跨出自己探索的脚步时，为你做一个浅显的启蒙，是爸爸十分乐于承担的一个小任务。

澳大利亚是一个广阔的国家，有着太多属于自己的景色、文化、风俗和故事，短短的信件当然无法诠释她所有的精彩，只希望通过我们的通信，你不仅对这个漂浮于南半球的国度产生兴趣，也能更好地了解我在这个国家的生活。

每通一次信，也就意味着我们离见面更近了一些，虽然我们所在的城市相距10000多公里，但好在，现在中国和澳大利亚已经有了越来越多的直飞航线，你只要坐上飞机美美地睡上一觉，醒来就能看到爸爸在机场迎接你了。

我做梦都期待着那一天快些到来！

爱你的爸爸

澳大利亚序曲丨揭秘"未知的南方大陆"

"孤独"的南方大陆丨遥远的安逸国度

> 修斯：
>
> 　　你好吗？
>
> 　　分别了这么长时间，爸爸特别想你，小姑娘。今天是星期天，不知道你在做什么，在家看书？还是和同学们在一起玩？你总是问爸爸现在工作的国家是个什么样子，趁着休息，我就来给你好好地讲一讲澳大利亚。

　　在南太平洋和印度洋之间，有一块巨大的陆地，这就是和美国本土差不多大的澳大利亚（Australia），她的全名叫作澳大利亚联邦（Commonwealth of Australia），在中国，尤其是港澳台地区，人们也习惯把她称作"澳洲"。

　　猜猜澳大利亚有多大？——她的总面积达到了769.2万平方公里，是这个世界上面积第六大的国家（仅次于俄罗斯、加拿大、中国、美国和巴西），也是南半球第二大和整个大洋洲最大的国家。她占据了大洋洲绝大部分的陆地，是世界上唯一一个国土覆盖整片大陆的国家，所以我们把她称作"澳洲"不是没有道理的。澳大利亚覆盖的大陆通常就被称作"澳大利亚大陆"，是地球上最小的一个大陆板块。

　　虽然这是最小的一个板块，但也称得上"广袤无垠"，从澳大利亚最北部到最南端有3700公里的距离，东西端之间更达到了4000公里左右，要是开车穿越整个澳洲大陆的话，需要大约一周的时间呢。

　　除了整块澳大利亚大陆，澳大利亚的领土还包括塔斯马尼亚岛（Tasmania）和几个海外岛屿，整个国家四面环海，36735公里的海岸线长度位列世界第一。澳大利亚并没有任何陆地上的邻国，只是在东南方向隔着塔斯曼海（Tasman Sea）与新西兰为邻，在北方隔着帝汶海（Timor Sea）和托雷斯海峡（Torres Strait）与印度尼西亚、东帝汶和巴布亚新几内亚相望，无论去往哪一个邻国，都有至少两三个小时的飞行距离，因此也被称为这个世界上"最大的一座岛屿"和"最孤独的大陆"。

事实上，澳大利亚的名字正是源于拉丁语中"未知的南方大陆（Terra Australis Incognita）"。早在遥远的古罗马时期，人们就已经开始假想地球上有一片"未知的南方大陆"，这一概念在中世纪时也常被欧洲的地理学家使用。在17世纪澳大利亚大陆终于被西方世界发现后，Australia这个单词也就顺理成章地成了这片新大陆的名字。

孤零零位于大海之中的澳大利亚是地球上起伏最平缓的一片大陆，只有不到1%的地方超过1000米的海拔，全国可以分为东部山地、中部平原和西部高原三种地貌，位于东南部的最高峰科修斯科山（Mount Kosciusko）也不过才2230米，只有我们的珠穆朗玛峰1/4的身高。这片辽阔平坦的大地上，分布着让人眼花缭乱的自然景观，既有热带雨林，又有大片的沙漠，既有一眼望不到头的绿地，又有连绵不绝的沙滩、海岸与珊瑚群，还有不少特有的动植物。澳大利亚以拥有12项世界自然遗产的成绩，和美国、中国共同名列世界自然遗产数量榜榜首。

也许就在不久后的一天，修斯，爸爸会带着你走遍这片神奇的土地，看遍那些动人的风景。

┃ 澳大利亚的海岸 ┃

知道澳大利亚有多少人口么？在这个以地广人稀著称的国家里，只生活着不到2500万人，和我们中国的北京或上海的城市人口差不多，可要知道，澳大利亚有好几百个北京、上千个上海那么大呢！广阔的土地、丰富的资源和稀少的人口让这里的人均收入、社会福利和生活质量位居世界前列。澳大利亚不但是世界上最发达的国家之一，更常被称为"最宜居的国家"。

不过，也许和你想象中的不一样，来到澳大利亚，你并不会感觉到这里的人烟有多么稀少，因为这是一个高度城市化的国家，全国一大半人口都集中在沿海的几座大城市里面，比如爸爸现在工作的悉尼（Sydney）。

看到这儿，你是不是已经开始对澳大利亚这个国家产生一些兴趣了呢，修斯？这是个和我们中国非常不一样的地方，遥远、安逸、美丽又不拘一格。

不知道爸爸今天说的东西你是不是能记住？留给你两个问题吧，当作一个小测试——

1. 澳大利亚是全球面积排名第几的国家，有多大？
2. 澳大利亚的人口有多少？人均拥有多大的土地？

相信这两个问题对你来说非常简单。关于澳大利亚，有太多东西值得聊一聊，下一次，我会告诉你更多好玩的内容。

爱你的爸爸

国家的象征丨国旗和五种"国字辈"的动植物

亲爱的修斯：

晚上好！

虽然和你相隔将近一万公里的距离，但爸爸工作的城市和咱家只有两个小时的时差。我刚忙完手头的工作，你也吃过晚饭了吧？

我们继续澳大利亚的话题吧，今天咱们聊聊这个国家的各种代表符号。

先来说说澳大利亚的国徽。我知道你一眼就会看到国徽上的两只动物，左边的那只大袋鼠不用爸爸介绍，你也一定知道它是最具澳洲特色的动物，也唯有在这里才能看到。有些人甚至把澳大利亚戏称为"袋鼠国"；右边的那只大鸟可不是鸵鸟哟，修斯，它也是澳大利亚特有的鸟类，叫作 Emu，中文名字是"鸸鹋（érmiáo）"。

知道为什么会选择袋鼠和鸸鹋作为国家的象征么？据说不仅仅因为它们是澳大利亚的"特产"，还因为它们有一个共同的特点：只会向前行走，不会倒退。寓意澳大利亚这个国家只会向前发展，不会开倒车。

袋鼠和鸸鹋共同捧着一个盾，盾面上有六组不同颜色的图案，分别象征着澳大利亚联邦的六个州：上排左边的红色十字叫作"圣乔治十字"，象征着爸爸现在所在的新南威尔士州（New South Wales）；中间王冠下的南十字星座代表着维多利亚州（Victoria）；右边的蓝色马耳他十字形代表着昆士兰州（Queensland）；这三个州都位于澳大利亚东部沿海地带，是整个国家人口最多、也最繁华的地方。下排左边的伯劳鸟代表着南澳大利亚州（South Australia）；中间的黑天鹅象征着西澳大利亚州（Western Australia）；而右边的红色狮子则象征着大陆之外的塔斯马尼亚州（Tasmania）。盾形上方的七角星象征着六个州和联邦政府，整个国徽的背景图案由澳大利亚的国花金合欢构成，底部的绶带上清晰地写着国家的名字——"AUSTRALIA"。

很多人觉得澳大利亚的国徽和英国国徽有些相似。的确，作为英联邦国家，无论国徽还是国旗，澳大利亚都与英国有着一脉相承的联系。

| 国徽 | 国旗 |

澳大利亚的国旗是长方形的，长与宽之比为 2:1。旗子的主色为深蓝色，左上方有英国国旗的图案——红白相间的"米"字形，表明澳大利亚与英国的传统关系；"米"字下面是一颗较大的白色七角星，象征着组成澳大利亚联邦的六个州和两个领地——北领地和首都领地；旗子右侧则分布着五颗白色的星星，除了中间最小的一颗是五角星，其余均为七角，共同组成了南半球的代表——南十字星座，表明澳大利亚是处于南半球的国家。有趣的是，澳大利亚的国旗与邻国新西兰的国旗十分相像（新西兰的国旗右侧是四颗红色的五角星，同样代表着南十字星座），经常会被人混淆，因此新西兰在前不久还进行了全民公决，讨论是否要更换自己的国旗。

也许你会疑惑，修斯，为什么澳大利亚国旗上白色的七角星会象征着六个州和两个领地，一共八个地方呢？事情是这样的，在澳大利亚联邦确定国旗图案的时候，整个国家还只有六个州和北领地这七个组成部分，而以堪培拉（Canberra）为中心的首都领地是在很久以后才出现的，这又是一个有趣的故事，我们留到以后（堪培拉｜年轻而低调的花园式首都）再说。

如果你来到澳大利亚，修斯，第一眼看到的可能不是袋鼠、不是考拉，而是成排的高大桉树。澳大利亚虽然四面环海，但有 70% 的国土属于沙漠或半沙漠地带，是全球最干燥的大陆，森林覆盖率只有 5%，其中 95% 的树木都是桉树，难怪它会成为这里的国树。

桉树是澳洲的原产树种，在千万年的岁月中，它们早已适应了这里的气候和土质。海绵般迅速吸足水分的本领和强大的营养吸收能力让它们得以在贫瘠的土地上繁茂生长，低垂窄细的树叶也会聪明地躲避阳光的直晒，减少水分的丧失。据说其他的树种无法生存在桉树的周围，因为土地的养分都会被桉树抢光。

强悍的生存能力以及与自然和解的智慧曾经深深触动了早期来到这片土地的

桉 树

金合欢

欧洲人。那些澳洲先驱的垦荒之路极其艰苦，而桉树给了他们极大的精神鼓舞。1939年，摄影师Harold Cazneaux在南澳拍摄了一张桉树的照片，起名叫作"忍耐的精神（*Spirit of Endurance*）"，这张照片迅速红遍了整个澳洲，可见澳洲人对于桉树的敬佩和喜爱。

你知道么？修斯，因为地处南半球，澳大利亚的春夏秋冬四个季节与我们正好相反，每年的9月1日是这里春天的开始，也是这个国家一年一度的"合欢花节"。

澳大利亚堪称"合欢花王国"，全国有超过1000种合欢花，"国花"金合欢就是其中之一。冬去春来，到处姹紫嫣红，好像金色绒球一般盛开的金合欢会特别引人注目。同桉树一样，金合欢也是澳大利亚的特有植物，自古以来当地的土著人就把它当作一种食材。现在，在庆祝合欢花节的时候，大家还会分享合欢花籽做成的蛋糕。

澳大利亚人正式庆祝合欢花节开始于1908年。两年后，当时的总理安德鲁·费希尔（Andrew Fisher，1862—1928）看到大家对于金合欢如此喜爱，于是请求修改澳大利亚的国徽图案，把金合欢加入背景之中。如今澳大利亚运动员参加国际体育赛事时，所穿运动服的黄绿色也取自这种花。

| 琴鸟 |

来自澳洲的金合欢如今广泛种植在全球各个国家，在我们中国的浙江、福建、广东、广西、云南、四川、台湾等地方也经常可以看到。有意思的是，远在欧洲的奥地利也把金合欢定为自己的国花。你知道奥地利的英文名字么？——Austria，和澳大利亚的Australia非常相近，经常被人弄混，而这两个国家又恰巧选择了同一种花作为自己的国花。下次看到澳大利亚或奥地利的英文名称时，你也得多加注意，不要搞错呀，修斯。

还记得爸爸刚才给你讲到的鸸鹋吧？虽然鸸鹋是澳大利亚的象征之一，但却不是这个国家的国鸟。国鸟的殊荣落在了另一种澳洲特有的鸟类——琴鸟的头上，它的形象也出现在了澳大利亚 10 分硬币的背面。

琴鸟是澳洲大陆上一种非常古老的鸟类，被发现的化石可以追溯到一千五百万年前。它们主要生活在澳大利亚的东南部，从昆士兰州东南部的森林到维多利亚州都可以见到。雄性的琴鸟拥有一条精美而复杂的尾巴，共有 16 根羽毛，与古希腊的一种七弦琴很相似，因此得名。琴鸟不仅美丽动人，还有一种特殊的本领——可以惟妙惟肖地模仿上百种鸟类或其他动物甚至人的声音。据有些林业工人说，琴鸟甚至可以模仿他们在森林中用电锯锯木头的声音。琴鸟歌唱时的声音也十分嘹亮，而且婉转动听。

不知不觉又说了这么多，不知道你是不是都能记住呢，修斯？

说到澳大利亚的符号，可不只有爸爸前面说过的那些。这里是世界上最大的畜牧业国家之一，羊毛、羊肉的出口都位居世界前列，因此被誉为"骑在羊背上的国家"；而极其丰富的矿产资源又让这里被称为"坐在矿车上的国家"。

好了，已经聊到很晚了，早点休息，明天还要上学呢。晚安，小姑娘。

想你的爸爸

题外话丨带你认识澳大利亚的货币

澳大利亚的硬币分为金色的一元、二元和银色的分币，正面图案都是英国女王的头像，除了二元硬币外，其他硬币的背面图案都是这个国家特有的珍稀动物。

五分钱硬币背面的图案上是全身长满硬刺的针鼹；十分钱硬币上是尾巴羽毛高高竖起的国鸟——琴鸟；二十分硬币上是针鼹的近亲——鸭嘴兽；五十分硬币上会看到袋鼠和鸸鹋共同护卫着的澳大利亚国徽；一元硬币的背面则能找到五只大小不同的袋鼠。

澳大利亚银色的分币由 75% 的铜和 25% 镍合制而成，金色的元币由 92% 的铜、6% 的铝和 2% 的镍合制而成。除了形状最大、分量最重的五十分硬币是多边形，其他的硬币都是圆形。需要注意的是，不知出于什么设计思路，澳大利亚的分币根据面值由小及大，但元币中却是一元的硬币比二元的大，游客很容易搞混。

澳大利亚的货币叫作澳元，和美元一样，也称为 Dollar。除了六种面额的硬币，还有 5、10、20、50 和 100 元这五种面额的纸币。采用合成聚酯塑料制成的澳币是全球科技含量最高和最耐用的货币之一，起码要比普通纸币的使用时间长出四倍，而且不怕洗涤，也很难被伪造。

和硬币不同，澳大利亚的纸币上出现的都是本国历史上著名人物的形象：一百元钞票两面的人物肖像分别是享誉世界的澳大利亚女高音歌唱家奈丽·梅尔巴（Nellie Melba，1861—1931）和第一次世界大战中的杰出将领约翰·莫纳什（John Monash，1865—1931），他们的家乡都是墨尔本；五十元钞票上的两位人物分别是澳大利亚著名的土著作家和发明家戴维·乌奈庞（David Unaipon，1872—1967）和澳大利亚历史上第一位女议员艾蒂丝·科恩（Edith Cowan，1861—1932），乌奈庞曾利用土著人的狩猎工具飞去来器的原理预见到了直升机的问世，科恩女士则为十九世纪末、二十世纪初澳大利亚的社会变革做出了极大的贡献；二十元钞票上的两位人物分别是世界上第一个飞行医生服务机构的创始人约翰·弗林（John Flynn，1880—1951）以及作为罪犯被流放到澳洲、最后却成为船运大亨和慈善家的玛丽·莱蓓女士（Mary Reibey，1777—1855）；十元钞票上的人物分别是创作出在澳大利亚家喻户晓的名曲《马蒂尔达》（Matilda）的班卓·帕特森（Banjo Paterson，1864—1941）和著名女作家、诗人玛丽·吉尔默女爵（Mary Gilmore，1865—1962）；最小面值的五元钞票有两种版本，一种印有英国女王伊丽莎白的头像和澳大利亚联邦议会的图案，另一种则印有澳大利亚早期著名政治家、被称作是"澳大利亚联邦之父（Father of Federation）"的亨利·帕克斯爵士（Henry Parkes，1815—1896）的画像以及著名女记者、社会改革活动家和小说家凯瑟琳·海伦·斯彭斯（Catherine Helen Spence，1825—1910）的肖像。

| David Unaipon | Henry Parkes | Edith Cowan | John Flynn |

| Nellie Melba | John Monash | Banjo Paterson | Mary Gilmore |

澳式英语｜花式"偷懒"的三个表现

亲爱的修斯：

今天在学校过得如何？听妈妈说，你的英语考试又得了100分。Congratulations！

不过，如果你来到澳大利亚，可能会发现这里的人说的话一大半自己都听不懂，Take it easy，这很正常，今天爸爸就给你讲讲澳大利亚人别具一格的英语。

澳大利亚和英国、美国、加拿大等一样，是纯粹的英语国家，但澳式英语在口音和用词上却独树一帜。新西兰著名学者罗伯特·伯奇菲尔德（Robert Burchfield，1923—2004）曾把澳式英语的口音总结为三种不同的类型：一是"粗犷型（Broad）"；二是多数澳大利亚人的"大众型（General）"；三是受过良好教育的人的"文雅型（Educated or Cultivated）"，而我们觉得很难听懂的澳式英语大多属于"粗犷型"口音。

澳大利亚人独特的口音主要体现在两个元音的变化上：一是把元音 [ai] 读得像 boy 中的元音 [oi]，比如 fight、bike、like 等单词听起来就像 foight、boike、loike；二是把元音 [ei] 读得像元音 [ai]，比如 play、mate、day、say 等单词，夸张的澳式口音读起来就好像是 ply、mite、die、sigh。有个著名的笑话就是说一个美国人在和一个澳大利亚人聊天时，将他说的"I'm going home today（我今天要回家）"听成了"I'm going home to die（我要回家去死）"，吓得差点报警。

澳大利亚人也知道自己的口音特点，他们自嘲似的归因为早期的澳洲大地上苍蝇非常多，为了避免吞进嘴里，人们尽量把话说得又短又快，嘴也不张得太大。

无论这是段子还是事实，澳大利亚人确实习惯在口语中把长单词拦腰截断，后面接上"o"或者"ie"。最典型的例子就是他们觉得自称"Australian"太麻烦，干脆简称为"Aussie"，后来又流行更简化的"Oz"。而很多常见的长单词也一律被他们简化，比如下面表格中的例子。

长单词	澳式口语缩写	中文意思
afternoon	arvo	下午
breakfast	brekki	早餐
chocolate	chokki	巧克力
Christmas	Chrissie	圣诞节
vegetable	vegie	蔬菜
barbecue	barbie	烧烤

澳式英语的另一大特点就是独特的词汇，有大约400多个特有词汇是从土著语言中借来的单词，比如Koala（考拉）、Kangaroo（袋鼠）、Dingo（澳洲野狗）、Boomerang（飞去来器）等。

据说当年澳洲大陆的发现者库克船长（James Cook，1728—1779）在今天昆士兰州北部的库克镇（Cooktown）附近第一次看到了袋鼠，就向当地的土著部落询问这种动物的名字并按发音将Kangaroo记在了日记上，但有传言说Kangaroo的意思其实是不知道。

袋鼠："你们是认真的吗？"

爸爸所在的新南威尔士州是澳大利亚最早的英国人定居点，南部一个叫作"Wagga Wagga"的小镇，名称就来自土著语中表示乌鸦叫声的单词。

作为一个移民国度，澳式英语里面也有部分单词直接借用了其他国家的词汇，比如我们中文里的"饮茶（Yum Cha）""点心（Dim Sim）"都是澳式英语中的通用词汇，是不是很有意思？

上世纪 80 年代问世的《麦考瑞词典》（*Macquarie Dictionary*）可以算是澳式英语正规化道路上的一个里程碑，准确而系统地反映了澳式英语的特色，类似于韦氏词典在美式英语中的地位。其实，随着国家之间的文化交流越来越频繁，现在澳大利亚年轻人的发音和用词已经非常接近美式英语，但在一些书面用语和口语中的特定用法中，澳大利亚人还是非常自豪地坚持着澳式英语的传统。

指路牌上的地名来自土著语

语言课时间 I丨地道澳式英语

爸爸现在教你几句最地道的澳式英语，等你来到这里的时候，应该能够用得上——

G'day, mate!

这是澳洲人之间最常用的打招呼方式，G'day 是澳式的 good day 的缩写，而 Mate 是用来称呼别人的方式，类似美国人爱用的 man 或者 buddy，所以，G'day, mate! 就相当于美式英语中的 What's up, man!

Ta

这是澳洲人常用的"谢谢"说法，是不是特别简练？

No worries

这是澳洲人超爱用的一句话，意思是"没问题""没关系"。有人和你说 Ta，你可以回答 No worries；有人和你说 Sorry，你也可以回答 No worries；有人和你说 Excuse me，你还可以回答 No worries，总之，在澳洲的一天，你会听到好多次 No worries, 也会说到好多次 No worries。

Ok，修斯，又聊到很晚了，今天爸爸给你上的这节英语课你是否感兴趣呢？

今天就到这里吧，晚安，修斯，Have a nice dream!

爸爸

宗教与政治丨选个日子为女王庆生

亲爱的修斯：

G'day, 想爸爸没有？

你在回信中问我澳大利亚是不是有很多大教堂？嗯，虽然不如欧洲国家的教堂那么密集，但在澳大利亚的大城市里，都会有一座醒目的大教堂和很多精美的小型教堂。

既然问到了教堂，今天我们就来聊聊澳大利亚的宗教吧。

年轻又开放的澳大利亚是一个世俗的国家，没有国教。澳大利亚在宪法中明确规定了这里是一个宗教信仰自由的国度，任何人都有信仰任何宗教的权利和自由。

但传统英联邦国家的身份还是让超过一半的澳大利亚人自认为是基督教徒，虽然固定去教堂做礼拜的人已经越来越少。在 2011 年的一次人口普查中，有超过 60% 的澳大利亚人声明自己是基督徒，其中有 25% 属于天主教教徒，17% 属于英国国教信徒，这两个教派也是澳大利亚主流的基督教派；近年来，大量亚洲移民的到来也为澳大利亚带来了佛教、伊斯兰教、印度教，而且信徒的增长趋势很明显。在悉尼和墨尔本（Melbourne）的郊区，不难看到佛教寺庙和清真寺，在新南威尔士州的第三大城市卧龙岗（Wollongong）附近，还有南半球最大的佛教寺庙——佛光山（Fo Guang Shan）南天寺（Nan Tien Temple）。

不过，和其他国家一样，现在澳大利亚的年轻一代越来越偏离传统，偏向于不信仰任何宗教，几乎 1/4 的澳大利亚人明确表示自己没有任何宗教信仰，也不关心政治。

　　我知道你对政治也不是那么感兴趣，修斯，但听爸爸说，想要全面了解一个国家，不知道那里的政治制度显然是说不过去的。举个简单的例子吧，悉尼和墨尔本在上学和交通方面规定就不一样，这就是澳大利亚的联邦制决定的。

　　与美国一样，澳大利亚也是一个典型的联邦制国家。1901 年 1 月 1 日，澳大利亚宪法生效，标志着澳大利亚联邦的正式成立。宪法规定了在联邦议会之下，州和自治领地政府都可设立自己的议会，有权制定有关本州或本领地的一些法律，如在教育、公路、警察、消防和公共交通等领域。各个州也有权创建更小的地方政府（city or shire council），负责城镇规划、设立公共设施、建筑标准监控、当地公路建设和垃圾收集等地方事务。但地方制定的法律受全国宪法的制约，倘若出现不一致，均以联邦法为准。

虽然澳大利亚1931年就已成为一个独立的国家，但仍与英国的伊丽莎白二世女王（Her Majesty Queen Elizabeth II）存在着宪法上的联系，属于君主立宪制国家，女王是国家的君主，有权为联邦和各个州分别指定一位总督，代替她行使职权。不过，总督也好，女王也好，其实并不过问澳大利亚的政治，只是一个政治上的象征。当然，女王还是很受澳大利亚人爱戴的，每年的女王寿辰（Queen's Official Birthday）都是澳大利亚的一个重要节日，澳大利亚邮政会发行纪念邮票，皇家军事学院会举行阅兵仪式，各城市还会有烟火表演，民间也会举办各式各样的文艺节目或体育比赛，至于小朋友嘛，这一天当然不用去上学了。

出乎意料的是，虽然是打着为女王庆生的名义过节放假，但在英国、澳大利亚、新西兰、加拿大或是其他英联邦国家，女王的寿辰却会被定在不同的日子，基本上没有一个与女王的真正生日——4月21日相吻合。

原来，这是英国王室举办官方生日庆典的一个传统，始于爱德华七世（Edward VII，1841—1910）。爱德华七世生于1841年11月9日，但他更希望在天气好的日子庆生，以防天不作美，海内外的庆典被中断。

伊丽莎白二世的父亲乔治六世（Albert Frederick Arthur George，1895—1952）是12月出生的，出于同样的原因，他继承了在非生日当天举办官方庆典的做法，于是这一传统便延续至今。

澳大利亚把女王的官方寿辰定在了每年6月的第二个星期一，这一天也被定为每年滑雪季的开幕日。而西澳大利亚州更别出心

伊丽莎白二世女王

裁地把女王寿辰定为和珀斯皇家展览会的开幕日相同，一般会在 9 月的最后一个星期一或 10 月的第一个星期一。所以你看，修斯，英国的女王在一年内不知道要过多少次生日呢。

刚才我们说了，无论女王还是总督，实际上并不过问澳大利亚政治政策的制定和实施，而真正行使这些权利的机构是什么呢？那就是三权分立的联邦议会、联邦内阁以及掌握司法权的最高法院、其他联邦法院和州法院等各级法院。

由参议院（The Senate）和众议院（House of Representatives）组成的联邦议会是澳大利亚的立法机构。众议院共有 150 个席位，基本按各个州的人口数量来分配，众议院的多数党会组成联邦内阁，其党魁就是澳大利亚的实际最高行政长官——联邦总理；具有立法审议权的参议院共有 76 个席位，每州各 12 席，和人口数量无关，北方领地和首都特区各只有 2 席。

参议院和众议院每三年会改选一次，议员由澳大利亚民众在联邦选举中直接选举产生。众议员任期为三年，参议员任期为六年（首都领地和北方领地的参议员任期是三年），因此参议员每次只改选半数。

在众议院赢得大多数席位的政党或政党联盟，会组成掌握行政权的联邦内阁，也就是通常意义上所说的澳大利亚政府，这个政党或联盟的领导人会成为联邦总理，所以总理并不是由民众选举出来的。

澳大利亚的主要政党有三个，分别是澳大利亚工党（Australian Labor Party）、澳大利亚自由党（Liberal Party of Australia）和澳大利亚国家党（National Party of

首位来自澳大利亚工党的总理克里斯·沃森

Australia），其中工党的力量相对强大，所以后面两个政党也通常会结成联盟参加选举，俗称"联盟党"。

宪法规定，在新一届内阁的第一次会议召开后三年内，必须进行全国大选。自澳大利亚联邦成立以来，已经选举产生了超过四十个政府内阁，其中大多数都没有干满三年的任期，每届内阁的平均存在时间差不多在两年半左右，有几届内阁由于各种原因只维持了不到一年的时间。

澳大利亚的选举基本上属于强制投票，年满 18 周岁的公民必须参与，否则就会被罚款，因此每次大选投票率几乎都在 90% 以上。

早在 1855 年，维多利亚州就开始采用无记名投票的方式，这种现在被普遍使用的投票方式也被称为"澳大利亚式投票"；1856 年，南澳大利亚州取消了对选民的职业和财产方面的要求，使所有成年男子都享有选举权；1893 年，成年女子也享有了选举权，澳大利亚是世界上最早实现选举权男女平等的国家。

　　修斯，爸爸尽量简单地给你讲了讲澳大利亚的宗教和政治，你能记住多少呢？

　　老规矩，做个小测验，考你两个问题：

　　1. 南半球最大的佛教寺庙叫什么名字？位于澳大利亚的哪个州？

　　2. 澳大利亚的参议院和众议院各有多少个席位？

　　下一次，你想听些什么呢？来信告诉爸爸，晚安。

爸爸

关于澳大利亚

1　尖峰石阵地质奇观。

2　希勒湖是一汪镶嵌在桉树林中的粉红色湖水。

3　大堡礁是世界上最大的活珊瑚礁群。

4　阳光海岸是全国著名的旅游胜地。

5　巴罗莎谷是澳大利亚最负盛名的葡萄酒产区。

6　库伯佩地是色彩斑斓的澳洲特产——澳宝的主要供应地。

7　悉尼歌剧院被公认为 20 世纪最具特色的建筑之一。

8　蓝山国家公园地标三姐妹峰。

9　只凭着一条大洋路，维多利亚州也足以成为世界级的海滩胜地。

10　菲利普岛上，小企鹅归巢。

11　维多利亚州是著名的澳大利亚网球公开赛的举办地。

12　塔斯马尼亚州是一座心形的岛屿。

13　"澳大利亚红色心脏"——乌鲁鲁。

14　北领地是土著居民的大本营。

15　国会大厦是国家权力的心脏，也是全国建造费用最高的建筑。

16　澳大利亚战争纪念馆是最受澳大利亚人欢迎的建筑。

国家区划丨风情各异的六州二领地

虽然面积非常广阔，但澳大利亚的国家划分并不复杂，前面已经提到过多次，整个澳大利亚在行政和地理区域上被分为六个州和两个领地，把他们按面积各自排序，就能得出下面这张表。

州（领地）中文名	州（领地）英文名	面积
西澳大利亚州	Western Australia	2,529,875 km^2
昆士兰州	Queensland	1,730,648 km^2
南澳大利亚州	South Australia	983,482 km^2
新南威尔士州	New South Wales	800,642 km^2
维多利亚州	Victoria	227,416 km^2
塔斯马尼亚州	Tasmania	68,401 km^2
北领地	Northern Territory	1,349,129 km^2
首都领地	Australian Capital Territory	2,358 km^2

创建于 1788 年的新南威尔士州是当之无愧的澳大利亚第一州，这里不仅是英国在澳大利亚的第一个殖民地，也是这个国家人口最多的地方，有超过 700 万人在

这里居住，其中将近 70% 都生活在爸爸所在的首府城市——悉尼。

新南威尔士州位于澳大利亚大陆的东南部，东临太平洋，沿海有大分水岭。大分水岭以东的沿海地区面积狭窄但土地富饶，又分为北海岸、中海岸和南海岸，州里最大的三个城市都位于中海岸和南海岸之间，分别为悉尼、纽卡斯尔（Newcastle）和卧龙岗。除了举世闻名的悉尼歌剧院（Sydney Opera House），蓝山国家公园（Blue Mountains National Park）、史蒂芬港（Port Stephens）、猎人谷（Hunter Region）等著名旅游景点也都是新南威尔士州的标志。

▌蓝山国家公园的三姐妹峰▐

新南威尔士州南面的维多利亚州是澳大利亚大陆上面积最小但人口最稠密的一个州，首府墨尔本是全国仅次于悉尼的第二大城市，全州超过 70% 的人口都在这里生活。

维多利亚州素有"花园之州（The Garden State）"的美誉，当地人以热爱运动和文艺著称。著名的澳大利亚网球公开赛（Australian Open）和一级方程式赛车澳大利亚大奖赛（Australian Grand Prix）均在此举办。此外，每年 11 月的第一个周二，被称为"能让全国都停下来的比赛"——墨尔本杯赛马节也会在墨尔本的费明顿马场举行。2018 年的比赛奖金是 730 万澳元。

抛开 400 多万人口的墨尔本，维多利亚州里并没有太大的城市，吉朗（Geelong）、本迪戈（Bendigo）等稍具规模的城市，人口都只在 10 万—20 万人之间，但这个州的旅游资源极其丰富——风景无敌的大洋路（The Great Ocean Road）、可以看小企鹅归巢的菲利普岛（Phillip Island）、展现淘金历史的巴拉瑞特（Ballarat）和盛产美酒的亚拉河谷（Yarra Valley）——每年都会为维多利亚州吸引无数游客。

位于澳大利亚东北部的昆士兰州是著名的"阳光之州（The Sunshine State）"，从最南边的黄金海岸一路向北，经过首府布里斯班（Brisbane），一直延伸到阳光海岸（Sunshine Coast），都是全国著名的旅游胜地。在昆士兰州的北部，更有着

绵延 2400 公里、由 1600 多个岛屿组成的自然奇迹——大堡礁（The Great Barrier Reef）。整个礁群水域面积达到了 23 万平方公里，是世界上最大的天然珊瑚礁和珊瑚群岛。

昆士兰州的首府布里斯班是全国第三大城市，市内古迹众多，英式风情浓郁；拥有亚热带雨林的大堡礁门户城市凯恩斯（Cairns）、拥有众多主题乐园的冲浪胜地黄金海岸（Gold Coast），都是这个州的主要观光城市。

南澳大利亚州是唯一与澳洲大陆上所有州都接壤的州，土地肥沃，地广人稀，每平方公里的人口密度仅在 1.5 人左右，多数人口都集中在首府城市阿德莱德（Adelaide），州内有 6.5% 的土地用于建立国家公园和野生动植物保护区。南澳大利亚州是全国的"大粮仓"和"大酒窖"，这里出产的葡萄酒品质上佳，享誉全球。

如果你还有印象，修斯，应该记得在澳大利亚的国徽中，代表这个州的图案是一只伯劳鸟。然而，这只是官方的说法，很多当地人坚持认为这只鸟其实是南澳常见的喜鹊。直到现在，关于南澳大利亚州州徽和州旗中的鸟到底是只什么鸟，也没有一个定论。

在地图上可以看到，整个澳大利亚大陆有差不多 1/3 的面积被左侧的西澳大利亚州"霸占"。没错，西澳大利亚州是这个国家面积最大的一个州，和整个西欧的面积差不多，由于内陆部分有三个大沙漠区，所以只生活着 200 万出头的人口，其中超过 3/4 都居住在首府城市珀斯（Perth），珀斯也得以成为澳大利亚西部第一大城市和全国第四大城市。

虽然人口稀少，但西澳地区的矿产资源却居于全澳大利亚之首，铁、金、镍、金刚石、锰、铜、煤、石油和天然气等资源储量巨大、分布很广且容易开发；钽、

石榴石、锂、锆、氧化铝、金红石、镍、钛铁矿等多种资源的产量或储量都位列世界之冠，这也使得西澳大利亚州成为整个国家最富裕的地区之一。

濒临印度洋的位置让西澳大利亚州成为一个与中国没有时差的地区，如果来这里旅游，完全

不用担心时差的问题。面积巨大的西澳大利亚州拥有着令人惊叹的自然景观，尖峰石阵（Pinnacles）和罕见的粉红色湖泊近年来名气与日俱增，在旅游旺季，人口不足两万的小城布鲁姆（Broome）和奥尔巴尼（Albany）都会迎来相当于全城人口数量的游客。

悬浮于澳大利亚大陆之外的塔斯马尼亚州是澳大利亚唯一的岛屿州，与澳大利亚本土最南方的墨尔本隔海相望。整座岛屿呈心形，平添了一丝浪漫的色彩。

即使在以空气纯净著称的澳大利亚，塔斯马尼亚州也是公认的最纯净之地，常被称为"天然之州（The Natural State）"。这里有着全国保护得最完善的自然生态和大片未开发的天然地带，全州约 40% 的面积被正式列为国家公园、自然保护区或世界自然遗产。

纯净的塔斯马尼亚海岸

塔斯马尼亚州的总人口只有 50 万左右，其中一半聚集在首府城市霍巴特（Hobart），还有 10 万左右的人口居住在第二大城市朗塞斯顿（Launceston）。在这座世外桃源般的岛屿上，最不缺少的就是令人陶醉的风景：摇篮山国家公园（Cradle Mountain）、酒杯湾（Wineglass Bay）、火焰湾（Flame Bay）等自然景致把塔斯马尼亚点缀得美轮美奂。而你肯定想不到，修斯，因为位于较高的纬度，在塔斯马尼亚的冬季还有很大的机会看到极光呢。

除了六个州，澳大利亚的两个领地也同样精彩。面积超过两个法国大小的北领地只有 20 万的人口，是澳洲土著居民最主要的聚集区，野外风情浓郁，除了首府达尔文（Darwin）和爱丽斯泉（Alice Springs）这两座主要的城市，绝大部分土地都是荒漠地带或自然保护区。澳大利亚的象征之一——火红的艾尔斯岩石（Ayers Rock）和全国最大的国家公园卡卡杜国家公园（Kakadu National Park）都位于领地之中。

首都领地则是澳大利亚联邦政府的所在地，也是澳大利亚管辖区域最小的一片领地，全境位于新南威尔士州境内，基本以首都堪培拉为主。

堪培拉是一座完全由人工规划出来的城市，整座城市就像一座巨大的花园，安静舒缓，似乎和人们平常印象中的首都完全不相符，但壮观的国会大厦（Parliament House）、澳大利亚战争纪念馆（The Australian War Memorial）和格里芬人工湖（Lake Burley Griffin）又会让人感觉到首都城市的庄严与大气。

好了，修斯，先讲到这里吧，我知道你已经迫不及待地想和爸爸好好地游览一番了。澳大利亚确实是一个旅游资源极其丰富的国度，但辽阔的幅员让人几乎不可能一次就领略到她的全部。过一段时间，爸爸会给你好好讲讲这个国家旅游的方方面面，如果全部讲完，可能会需要很长一段时间哟。

爸爸

堪培拉小人国

一国之内的时差丨你那里几点了

亲爱的修斯：

　　你好啊，你在来信中问我中澳之间的时差问题，其实，由于所处的经度差别不大，如果来到澳大利亚旅行，我们中国人并不会经历昼夜颠倒的时差困扰。

　　然而，联邦制的澳大利亚并不像我们一样在全国范围内只有一个标准时间。各州之间关于时区的不同规定，尤其是夏令时制的实行，不但让游客感到迷惑，也会让许多当地人凌乱。

　　以北京时间上午九点为例，我们来看一看澳大利亚的各个地区在不同的月份中对应的时间：

	每年 4 月—10 月 （非夏令时时段）	每年 10 月—来年 4 月 （夏令时时段）
新南威尔士州 （Broken Hill 镇除外）	AM11：00	AM12：00
维多利亚州		
塔斯马尼亚州		
首都领地		
昆士兰州		AM11：00
南澳大利亚州 （含新州 Broken Hill 镇）	AM10：30	AM11：30
北领地		AM10：30
西澳大利亚州	AM9：00	AM9：00

是不是够混乱？按照各州和领地的地理经度，澳大利亚共分为三大时区，分别是位于东八区、比格林尼治时间（Greenwich Mean Time）提前 8 个小时的澳西标准时间（Australian Western Standard Time，AWST，和北京时间完全一致）；适用于北领地和南澳大利亚州、比格林尼治时间提前 9.5 个小时的澳中标准时间（Australian Central Standard Time，ACST）和适用于新南威尔士州、维多利亚州、昆士兰州、塔斯马尼亚州和首都领地、比格林尼治时间提前 10 个小时的澳东标准时间（Australian Eastern Standard Time，AEST）。澳大利亚正式的官方文件一般都会使用 AEST 澳东标准时间，因为首都堪培拉就处于这一时区。实际上，关于是否实行夏令时，或是否应该统一实行夏令时，在澳大利亚国内也一直存在着争议。支持的人认为实行夏令时有利于增加人们利用白日的时间，而反对的人则认为夏令时会增加皮肤暴露于阳光下的时间，从而增加患皮肤癌的几率。

　　　　修斯，鉴于联邦制的国家结构形式，预计在未来的很长一段时间，澳大利亚还会处于这种各自为政的时间划分状态之下，而对于我们来说，只能去尽力适应了。

　　　　　　　　　　　　　　　　　　　　　　　　　爸爸

澳洲历史｜真实发生过的"美丽谎言"

史前澳洲 | 土著也是移民

亲爱的修斯:

今天过得怎么样，想爸爸没有？

妈妈来信说你对澳大利亚这个国家产生了浓厚的兴趣，并且对爸爸给你讲的风土人情已经上瘾了。That's great！爸爸会继续给你介绍关于澳大利亚各种各样好玩的内容。今天，我们聊聊澳大利亚那并不算悠久的历史吧。

美国作家马克·吐温（Mark Twain，1835—1910）曾说过这样一段话："澳大利亚历史几乎总是如同一幅美丽的风景画，既让人好奇，又有些古怪。……读来不像历史，倒像美丽的谎言，绝不是那些听厌了的陈词滥调……然而，这一切都是真实发生过的。"

提到澳大利亚，都知道是英国殖民者开发了这片遥远又神秘的大陆，并逐渐发展成了一个庞大的国家。但其实在英国人到来之前，在整片澳洲大陆及塔斯马尼亚等岛屿上，就生活着不下 30 万土著居民。这些土著居民并不是一个整体，而是分成了大约 500 多个部族，每个部族的成员从 100 人到 1500 人不等，零零散散地分布在澳洲大陆各处以及塔斯马尼亚岛和托雷斯海峡群岛等地。

虽然被称为"土著"，但这些澳洲大陆上最早的居民也并非土生土长，同样是外来的移民。关于土著居民的来源，最早人们猜想是来自非洲，现在比较能够达成共识的猜测是来自亚洲大陆。

早在四万年前的最后一次冰川时期，当时的海平面远比现在要低，澳大利亚大陆板块与亚洲板块也还没有完全分开，那时的土著沿着大陆步行或使用小木船穿过窄小的海峡就能迁徙到澳大利亚。而那时澳大利亚大陆的样貌也与现在完全不同，整片大陆上覆盖着森林与湖泊，拥有大量的巨型动物，比如高达三米的巨型袋鼠和鸟类。

经过几万年的岁月变迁，地球随着温度的逐渐上升经历了冰川消融、洪水泛滥以及随后干燥的过程，澳大利亚大陆也变成了一座孤立而荒芜的超大岛屿，原来的湖泊变成了沙漠地带，中部的地理和气候条件已经不再那么适合人类生存。于是，土著也逐渐迁移到相对宜人的沿岸地带，并学会了制作石器、木器、渔网等原始工具，以此来采集或渔猎。

虽然土著部落大多随季节逐猎物而居，行迹无定，但也有一些部落开始进行农业活动并逐渐在一些地方定居下来，比如澳洲富饶的东部，尤其是昆士兰州、新南威尔士州东北部和维多利亚州的墨累河（Murray River）谷，这些都是土著人口最密集的地区，也曾发现过大量土著居民生存的遗迹。

信仰是土著居民生活中最重要的组成部分，他们相信神祇永恒存在，自然界中的一切均出自其手，并一直在影响和主宰着世间万物。

图腾是神祇与人类之间的联系方式，每个人都拥有属于自己的图腾，通常由袋鼠、鸟、鱼等动物图案组成。

土著居民相信神祇给了他们土地，并会告诉他们在哪里可获得食物，如何寻找生活伴侣等信息。他们生活中的方方面面都离不开对神祇的信仰和崇拜。

在欧洲人的大航海时代开启之前，土著居民的生存史就是澳大利亚大陆的历史。千万年来，土著居民的生活并没有太大改变，始终处于比较原始的状态，因此澳大利亚的过去也显得波澜不惊。

库克船长的大发现┃未被重视的"一片乐土"

亲爱的修斯：

你好吗？上一次，爸爸给你讲过了澳大利亚的土著历史，今天，咱们说一说这个国家真正意义上的历史，也就是英国人到来前后，发生在这片土地上的故事。

到了公元 1616 年，著名的荷兰（Netherlands）东印度公司的"安德哈特号（Eendracht）"船长德克·哈托格（Dirk Hartog，1580—1621）从好望角（Cape of Good Hope）出发，前往荷属东印度群岛，即今天的印度尼西亚去寻找黄金和香料，但在途中错判了航向，于是误打误撞地首次发现了澳大利亚大陆，登陆地点就在位于西澳大利亚州、以他名字命名的德克·哈托格岛（Dirk Hartog Island）。

过了二十多年，另一位荷兰航海家亚伯·塔斯曼（Abel Tasman，1603—1659）先后在 1642 年和 1644 年两次完成航海壮举，并发现了塔斯马尼亚岛，该岛和位于澳大利亚与新西兰之间的塔斯曼海都是以这位航海家的名字命名的。

擅于航海的荷兰人把他们发现的澳大利亚大陆称为"新荷兰"，并绘下了澳大利亚西、南及北海岸的航海地图，但荷兰人只发现了今天澳大利亚的三分之一，且没有对这片荒凉的大陆产生太大的兴趣，澳大利亚也因此继续沉寂了一个世纪。

在澳大利亚的历史上，詹姆斯·库克船长（Captain James Cook，1728—1779）绝对是一个不能够忽略的名字。他是世界航海史上与哥伦布（Christopher Columbus，1451—1506）、麦哲伦（Ferdinand Magellan，1480—1521）、达·伽马（Vasco da Gama，1460—1524）齐名的人物，最大的贡献就是发现了澳大利亚与新西兰，所以新西兰南北岛之间的海峡和南太平洋之中的库克群岛（Cook Islands）都是用他的名字命名的。库克船长还是第一个发现夏威夷（Hawaii）、大溪地（Tahiti）和南极（Antarctic）的航海家，而且是世界航海史上，率先提供含大量维生素 C 的新鲜蔬果，以预防船员患上坏血病的船长。

库克船长

按照古希腊天文学家托勒密（Claudius Ptolemy，约100—170）的理论，地球的南面一定有一块与欧亚大陆相当的大陆，否则地球就不能平衡运转。库克船长深信这一理论，于是在 1768 年带领着天文学家和植物学家从英国港口普利茅斯（Plymouth）出发，横跨大西洋，绕巴西进入广袤的南太平洋之中，去发现新的大陆。

库克船长先是发现了现在著名的度假天堂大溪地，而后到达了新西兰的土地，但他们并没有停止探索，而是继续向东，最后终于抵达了澳大利亚的东海岸。库克船长抵达澳大利亚大陆的地方位于距离悉尼市区不到十公里的植物湾（Botany Bay）。据说，这里得名于随行的植物学家在此发现了大量完全陌生的植物门类。有趣的是，悉尼的国际机场也正建在这里，所以说，很多游客踏上澳洲土地的第一站和当初这片大陆的发现者是一样的。

库克船长到达悉尼的时候，当地只有少量的土著居民在此生活，整个区域呈现出一片纯自然的美景，因此相传在返回英国之后，库克船长把澳大利亚称为"一片乐土"。

不过，与荷兰人一样，当时的英国政府并没有太过看重库克船长的这一发现。一是当时在澳洲大地上并没有发现矿产和财富，也没有别的国家来争夺这块土地；二是以当时英国的精力和财力，并不允许他们再去开发这么大一片殖民地。因此，英国政府只宣布澳大利亚是自己的殖民地，然后就没有了下文。

流放之地丨悉尼和塔斯马尼亚

仅仅几年之后，英国最重要的海外殖民地美国开始抗争，并最终在 1783 年获得独立，这迫使英国政府不得不另觅他处流放罪犯，澳大利亚社会就此发端。

1787 年，英王乔治三世（George III，1738—1820）宣布将澳大利亚设为英国新的流放地，来此地的囚徒都犯了重罪，刑期从七年至终身不等。同一年的 5 月 13 日，由阿瑟·菲利普船长（Captain Arthur Phillip，1738—1814）率领的第一批流放船队同样从普利茅斯启航，前往神秘的澳大利亚。菲利普船长的船队由 11 艘船组成，共有 1489 人，其中 776 人都是囚犯，包括 188 名女囚。除此之外，船队还带上了209 只鸡、74 头猪、35 只鸭子、29 只绵羊、29 只鹅、19 只山羊、18 只火鸡、5 头母牛、4 匹公马、3 匹母马及 2 头公牛。

经过长达 8 个月的艰苦航行，菲利普船长终于率领船队抵达了植物湾，但他认为这里并不适合永久居住，于是继续向南驶入了一座大型的天然良港，并于 1788

年 1 月 26 日在此登陆，首次升起了英国国旗。从此，这一天就变成了澳大利亚的国庆日（Australia Day），而这座港口被取名叫作"杰克逊港（Port Jackson）"。如今的杰克逊港周边依然是悉尼最核心的地带。

▌菲利普船长在杰克逊港升旗▐

　　选择在杰克逊港附近建立起第一个英国殖民区后，菲利普船长将此地以曾对他的殖民活动鼎力相助的英国内政大臣托马斯·汤森·悉尼勋爵（Thomas Townshend, Lord Sydney，1733—1800）的名字来命名。这个自然景色优美、气候条件良好的地方随着人口的不断增长成为全澳大利亚的第一座城市，而后也一直保持着澳大利亚最大城市的地位。

　　随着人口的日渐增多，英国政府在19世纪初又将更加偏远的塔斯马尼亚岛（当时叫作 Van Diemens Land，译作范迪门斯地）开辟为第二块流放地。在首府霍巴特东南的亚瑟港（Port Arthur）集中关押过上千名犯人，霍巴特乃至整个塔斯马尼亚岛最早的一批公共建筑都是由犯人们修建起来的，这里也因而成为全澳大利亚第二历史悠久的地方。

　　塔斯马尼亚的罪犯流放遗址散落在岛屿的东部和南部，地理位置邻近，保存完整，其中有5处都入选了世界文化遗产，分别是：亚瑟港历史遗址（Port Arthur Historic Site）、喀斯喀特女子监狱（Cascades Female Factory）、煤矿历史遗址（Coal Mines Historic Site）、布尔哥登和乌尔姆斯庄园（Brickendon and Woolmers Estates）和玛利亚岛的达灵顿缓刑站（Darlington Probation Station，Maria Island），这些地方也成为塔斯马尼亚岛上最热门的人文历史旅游景观。

"澳大利亚之父" **|** 麦考瑞总督的功过是非

　　在悉尼的市中心，古色古香的麦考瑞大街（Macquarie Street）一头连接悉尼歌剧院，另一头连接海德公园，是最重要的街道之一。除了麦考瑞大街和麦考瑞广场（Macarthur Square），在更远的地方，还有麦考瑞大学（Macquarie University）、麦考瑞公园（Macquarie Park）、麦考瑞湖（Lake Macquarie）和麦考瑞港（Port Macquarie），为什么这么多的地方都用同一个名字来命名呢？这就要说到为澳大利亚，尤其是悉尼这座城市做出过不可磨灭贡献的拉克伦·麦考瑞（Lachlan Macquarie，1762—1824）总督了。

　　麦考瑞是英国派驻澳大利亚的最后一任全权新南威尔士总督（之后新南威尔士便进入州政府时代），任期从 1810 年至 1821 年。在他任职期间，澳大利亚的社会、经济与建筑都得到了极大的发展，也从一块单纯的罪犯流放地逐渐变为能够吸引自由移民的魅力之地。在麦考瑞总督位于苏格兰（Scotland）老家的墓碑上，他被尊为"澳大利亚之父（The Father of Australia）"。

　　他大力改造了悉尼的城市面貌——加宽取直街道，改进公共卫生设施，领导因犯建造了城市里第一批宏伟的公共建筑，其中有不少一直保留到了现在，如造币厂的楼房、州议会大厦（后来经过了部分改造）和几座精美的教堂。

　　值得一提的是，很多麦考瑞时期的建筑都是由一名叫作格林韦（Francis Howard Greenway，1777—1837）的犯人设计的。格林韦本来是一位天分很高的建筑师，因为假造文件被判死刑，后改为流放澳大利亚。麦考瑞总督很赏识他的才华，很快就将他赦免并委派他设计了许多公共建筑。

　　麦考瑞总督对金融业十分看重。当时的澳大利亚并没有流通货币，于是他从西班牙和荷兰购进了一批硬币，打孔改造后成为澳大利亚最早的流通货币。1817

年，澳大利亚的第一家银行——新南威尔士银行（Bank of New South Wales）也是在他的任期内成立的，这家银行成为日后澳大利亚四大银行之一的西太平洋银行（Westpac）的前身。

麦考瑞总督的另一个重要贡献是带领人们翻越了新南威尔士州境内的大分水岭（The Great Dividing Range），发现了 200—300 公里宽的大畜牧带，为澳洲享誉全球的畜牧业奠定了基础。1821 年总督离任时，澳大利亚殖民地已经拥有 4 万人口、10 万头牛和 29 万只羊。

麦考瑞总督

麦考瑞总督还以宽待犯人著称，他给部分犯人发了假释证，让他们出狱去工作。这样一方面节约了政府的费用，另一方面也为农牧场主提供了劳动力。对于表现特别好的犯人，政府还会给予"有限赦免"，也就是说，除了在原判的刑满前不能返回英国外，其他方面都与自由人一样。

然而，就像一枚硬币会有两面，麦考瑞总督也给澳大利亚留下了负面的印记。在他的任期内，白人与当地土著关系开始急转直下。

在殖民初期，大部分英国人能够和土著居民和平共处，甚至邀请土著一起分享食物或去家里做客，土著也为英国人在开拓土地和探险方面提供了不少帮助。而在麦考瑞总督统治期间的 1814—1816 年，悉尼地区遭遇大旱，迫使以采集和捕猎为主的土著离开郊野，到白人的农场、田地里采集成熟的麦子，这成为点燃双方一系列冲突的导火索。不少白人和土著都在冲突中丧生，于是麦考瑞总督下令以暴力镇压的手段来解决冲突，揭开了土著被大规模屠杀的序幕。

在白人先进武器的威胁下，土著居民被迫纷纷逃进丛林和沙漠地带，然而这依然无法避免被屠杀的命运。到 1847 年时，塔斯马尼亚全岛的土著居民只剩下 40 多人，1876 年全部灭绝。根据 20 世纪 20 年代的统计，全澳大利亚的土著居民数量已经急剧减少到 6 万多人。后来，随着保护政策的出台，他们的人口数量才开始回升。现在的澳大利亚共有土著居民 25 万多人，主要居住在北领地、昆士兰州北部沿海等地区。

┃ 麦考瑞大街 ┃

坐在矿车上的国家 ┃
600 年不工作照样吃香喝辣

在澳大利亚成为英国殖民地的早期，这里主要以繁荣的畜牧业著称。从西班牙引进的梅里诺绵羊（Merino Sheep）很喜欢澳洲的水土，不仅大量繁殖，而且长得比原来更肥壮，出产的羊毛品质更好。直到今天，澳大利亚仍然是全球最重要的畜牧业大国之一。

19 世纪中期在新南威尔士和维多利亚殖民地相继发现的金矿更为澳大利亚的繁荣和发展添了一把火，也让刚刚从新南威尔士分离出来的维多利亚殖民地茁壮成长了起来。

随着远在大洋另一端的美国加利福尼亚（California）淘金热的爆发，澳大利亚人也开始在自己的土地上寻找金矿，巧的是，他们只在很短的时间内就真的发现了大量黄金。距离维多利亚州巴拉瑞特不远的亚历山大山脉（Mount Alexander）包括卡索曼（Castlemaine）、本迪戈（Bendigo）等金矿区，是世界上最富饶的浅冲积采金区之一，从这里开采出的重达 400 万盎司（1 盎司约等于 28 克）的黄金，大部分是在金矿被发现的最初两年、于距离地表五米左右的区域中被挖掘出来的。1852年，当八吨从维多利亚殖民地运来的黄金抵达英国港口时，伦敦著名的《泰晤士报》（*The Times*）曾赞叹说："……这简直就是另外一个加利福尼亚，而且，是一个更大规模的加利福尼亚……"

到了 1852 年底，已经有九万多人为了实现黄金梦来到维多利亚殖民地，首府墨尔本以及巴拉瑞特、本迪戈等矿区城市都迅速地发展了起来。铁路、公路、图书馆、剧院、美术馆和股票交易市场纷纷涌现，从墨尔本去往本迪戈的火车也成了全澳大利亚最繁忙的交通线路。

闪闪的黄金梦还吸引了两万多名主要来自广东和福建地区的华人矿工跨海前来，巴拉瑞特的疏芬山（Sovereign Hill）被他们称为"金矿镇"，墨尔本也有别于美国的旧金山而被称为"新金山"。如今在巴拉瑞特的景区内，仍然能看到中国矿工当年生活工作的复原场景，也可以在流水中打捞零散的金沙，你愿不愿意来体验一下，修斯？

金矿的挖掘热潮一般维持不了太长时间，但人们在寻找黄金的过程中却渐渐发现了澳大利亚土地中蕴藏的其他巨大价值。现在的澳大利亚常被叫作"坐在矿车上的国家"，是世界上最重要的矿产大国之一，资源极其丰富，已探明的矿产达到了70多种。有经济学家曾经算过一笔账：如果把澳大利亚的矿产资源全都挖出来卖给其他国家，这个国家所有人即使不工作也可以在目前的水平上生活600年！

从1851年到1861年的10年间，全澳大利亚的人口由50多万猛增到了将近120万，辽阔的面积、丰富的矿产和越来越繁荣的贸易让这里成了一块充满机遇的土地，大批移民的涌入也改变了社会结构。1868年，英国政府废止了向澳大利亚流放囚犯的法令。在当时的澳大利亚，所有在押和释放的犯人加到一起只占全部人口的1/9，其他都是自由的移民和在当地出生的澳大利亚人。

大量的移民、已被开发的土地和新兴的财富促使澳大利亚的殖民地经济进一步发展，并为后来澳大利亚的政治、经济格局的形成奠定了基础。

维多利亚金矿区

联邦诞生 | "建立一个雪一样洁白的澳大利亚"

亲爱的修斯:

　　上次我们聊了 19 世纪的澳大利亚，今天，咱们来讲一讲澳大利亚历史上崭新的一页。

从飞速发展的 19 世纪中期开始，澳大利亚的"国家意识"开始萌芽，随着本土出生的人口越来越多，对宗主国英国的认同感开始下降。到了 20 世纪初，整个澳大利亚的人口已经达到了 380 万，其中 3/4 出生在澳大利亚本土，绝大多数人是英格兰人、苏格兰人或爱尔兰人的后裔。

经过长达 10 年的计划、讨论和筹备，并在英国议会于 1900 年 7 月通过了《澳大利亚联邦宪法》和《不列颠自治领条例》的前提下，1901 年 1 月 1 日，澳大利亚正式成为英国的自治领，六个殖民区改名为州，共同组成澳大利亚联邦。

澳大利亚联邦的缔造者们相信，他们有着关于人权的先进思想，遵守民主程序，将把澳大利亚建设成一个和睦、统一、人人平等的社会。

然而具有讽刺意味的是，联邦新议会颁布的第一条法令就是将只接受欧洲白人移民的"白澳政策（White Australia Policy）"确立为基本国策。《移民限制法令》（*Immigration Restriction Act 1901*）规定：任何一个想要移民到澳大利亚的人都要通过欧洲某种语言的听写测试，不受欢迎的移民则要听写晦涩的语种。

Tips: 白澳政策

含有强烈种族歧视色彩的白澳政策产生于 19 世纪中叶的淘金热时期，澳洲的金矿吸引来了大批包括中国人在内的海外移民。中国人吃苦耐劳，踏实肯干，集中作业，一起生活，工作效率高，生活成本低，可以接受相对较少的报酬，客观上拉低了矿工的工资水平，加之语言不通、习俗各异，引起了白人的不满。随着逐渐开发出不少自己的有名大金矿，华人越发被嫉妒。于是殖民当局便开始限制中国人入境，并对已来澳的华工百般刁难，甚至使用过暴力手段。淘金热期间曾发生过两起著名的反华事件——1857年的伯克兰暴乱和1860年到1861年的林宾平原暴乱，两起事件都造成了人员的伤亡。

据说，时至今日，还有一些购买彩票的白人喜欢让过路的中国人为他们选一个号码，因为在他们的潜意识里一直觉得中国人即使在贫矿中也能发现大块金子，非常幸运。

相传在19世纪，一些种族歧视者进一步提出："澳大利亚人要建立的是一个独立的、自由的、纯粹的、白种人的澳大利亚。澳大利亚应保持白澳大利亚的高尚思想——一个像雪一样洁白的澳大利亚。"

当时，昆士兰殖民区布里斯班的《工人报》（Worker）曾有过这样一篇报道："澳大利亚一定要免于有色人种的祸害，要消除罢工，获得没有穷人、没有贫民救济院的声誉，实现民有、民治、民享的政体。不然的话，澳大利亚将要变成一个杂种的国家，因种族纷争而动乱不安，因工业竞争而受摧残……澳大利亚打算让全世界自开天辟地以来第一次看到在一面旗帜、一个民族、一个政府下的一个完整的大陆。"这就是白澳政策的核心内容。

两次世界大战 |
为"祖国"战斗到最后一个人

从 1900 年到 1914 年，澳大利亚在提高农业和制造业生产能力以及建立政府与社会服务机构等方面都取得了长足的进步。但好景不长，1914 年，第一次世界大战在欧洲大陆爆发了。

当时澳大利亚的工党领袖费舍（Andrew Fisher，1862—1928）就战争发表谈话："澳大利亚坚决地站在祖国（英国）一边，协助她，支持她，直至战斗到最后一个人和最后一个先令。"

虽然战争远在万里之外，但第一次世界大战却给澳大利亚带来了灾难性的影响。1914 年，澳大利亚男性人口不足 300 万，却有 30 多万人自愿参战，远赴欧洲去保卫"祖国"。结果，共有大约 6 万人阵亡，十多万人受伤，伤亡率达到了惊人的64%。

1915 年 4 月 25 日，由澳大利亚和新西兰士兵组成的"澳新军团"登陆土耳其加里波利（Gallipoli），试图穿越达达尼尔海峡（Dardanelles Strait）与俄国人会合，一举击溃奥斯曼帝国（Ottoman Empire），但遭到了敌军的猛烈反击，最终行动失败。澳大利亚付出了 8709 名官兵牺牲、19441 名官兵负伤的惨烈代价。从此，每年的4 月 25 日就成了澳大利亚和新西兰两国缅怀死难将士的全国性纪念日——"澳新军团日"，这一天也是澳大利亚最重要的节日之一，许多澳大利亚人甚至觉得与国庆日相比，澳新军团日是个更大的日子。

青壮年劳动力的大量损失，让战后的澳大利亚发展缓慢，再加上 20 世纪 30 年代蔓延全球的经济大萧条，使许多金融机构纷纷倒闭，澳大利亚的社会经济处于动荡的状态。

战争中的友谊

在这样的艰难岁月中，1931 年，英国颁布的《西敏寺法令》（*Statute of Westminster 1931*）基本让澳大利亚终止了与英国之间的宪政联系，澳大利亚联邦也终于成为英联邦中的独立国家。

在第二次世界大战中，澳大利亚在欧洲和亚太战场上，为支援英国再次做出了卓越贡献。战后，大量年轻移民的到来使整个国家的面貌显得朝气蓬勃，国家在人口、经济、公共事业等各方面都有了迅猛强劲的发展，澳大利亚也逐渐进入世界最发达国家的行列。1956 年墨尔本主办的第 16 届奥运会等大型活动也让澳大利亚的国际声望得以迅速提高。

第二次世界大战结束后，亚洲出现了众多的新独立国家，作为亚太地区的一个重要国家，澳大利亚开始与它们产生越来越多的交流和联系，继续执行白澳政策显然对自己的形象很不利。加上国际舆论普遍认为白澳政策违背了联合国宪章，严重影响了澳大利亚在国际上的声誉，联邦政府于 1958 年决定废除听力测试，代之以更简单的入境考核。

社会改革与进步丨多元、独立、国际化

亲爱的修斯：

　　这一部分，爸爸将主要给你介绍澳大利亚在社会改革方面做出的努力以及澳大利亚今貌。在这一部分，爸爸并不会给你讲很多内容，因为今天的澳大利亚每一刻都在发展和变化，至于她具体是什么模样，还要你来的时候自己触摸和感受。

从 20 世纪 60 年代之后，澳大利亚越来越呈现出一种活跃、包容与国际化的多元形象，也让自己成为全球最受欢迎的旅游、移民目的地之一。

1967 年的全民公决中，澳大利亚民众以压倒多数的票数授权联邦政府将土著居民纳入未来人口普查的统计数字中，这是所有原住民与澳大利亚白人共同努力的结果，也标志着在这片土地上已经生活了上万年的土著居民重新成为这里的主人。

1972 年，惠特拉姆（Edward Gough Whitlam，1916—2014）领导的工党政府上台后宣布，澳大利亚在移民问题上将实

▌惠特拉姆与美国总统尼克松▌

行无种族、肤色、信仰之歧视的方针，从此白澳政策基本销声匿迹。此后三年，卫生、教育、外交、社会保障和劳资关系等方面都进行了重大的立法改革，使澳大利亚的国内发展和国际形象焕然一新。如今的澳大利亚已经是世界上最宽容的移民国度之一，有来自 200 多个国家的移民选择这里作为自己新的家园。

1986 年，英国议会通过了《与澳大利亚关系法》，英国最高法院从此不再是澳大利亚的终审法院，标志着澳大利亚正式获得完全立法权和司法终审权，脱离英国而完全独立。但民众仍选择自己的国家为君主立宪制国家，以伊丽莎白二世为女王，只要英女王在位，澳大利亚就不会成立共和国。

跨入 21 世纪的第一个年头，悉尼成功举办了第 27 届奥运会，这是继 1956 年墨尔本奥运会后南半球举办的第二次奥运盛会，也被当时的国际奥委会主席萨马兰奇（Juan Antonio Samaranch，1920—2010）称为"有史以来最好的一届奥运会"。奥运会的举办不但为悉尼吸引来全球的注意力，更使澳大利亚的国家声誉显著提高。

如今的澳大利亚有着在全球名列前茅的社会活力，在科技、医疗、体育、文化、艺术、时尚、美食、旅游等各个领域，都以国际化而著称，在这里的海岸与乡村能看到令人惊叹的自然景致，在这里的城市则能找到最多元的面孔和语言。

在澳华人｜随遇而安的智慧

　　澳大利亚的历史只有 200 多年，而来自中国的华人移民与这片大陆的接触就超过 170 年之久。从最开始的零星接触到现在成为澳洲社会的一个主要种族，华人移民在澳洲历经坎坷，可以大致分为淘金热前、淘金热中、白澳政策和多元文化政策四个阶段。

　　在 19 世纪初期，继开始移居美洲的古巴（Cuba）、美国、秘鲁（Peru）等地之后，开始有华人注意到了新开发不久的澳洲大陆。有文件记载的第一位来到澳大利亚的华人是来自广州的木匠麦世英（Mak Sai Ying，1796—1880），他于 1818 年在悉尼定居，先后娶了两任澳洲太太，最终在 1880 年去世。

▍移民抵达墨尔本唐人街▍

到了 19 世纪中期，由厦门、广东、香港等地赴澳的华人总数大约在 5000 人左右，他们大多以契约工人的形式前往这个遥远而陌生的国家，受雇于当地的农场主，从事农业、畜牧业或家庭佣工等职业。

19 世纪 50 年代的淘金热掀起了华人移民澳大利亚的第一个高潮，短短的几年之间，在澳华工就达到了 4 万多人，在本迪戈和巴拉瑞特等淘金重镇，华人人口甚至能占到四分之一，达到了联邦成立前的巅峰。

由于当时香港已经被割让给英国，成为中国对外联络的窗口，因此很多广东人借着区位优势，从香港开始三个多月的海上航行，最终抵达被称作"新金山"的墨尔本。

正如前面介绍白澳政策时提到的那样，华人矿工虽有所获，但一度处境极其艰难。

到了 19 世纪 70 年代，澳大利亚的金矿资源基本枯竭，不少华人矿工选择返回家乡，少部分留下来定居者主要以三种职业为生：木匠，现在在墨尔本市区还有不少华人经营的家具店；菜农，在墨尔本的维多利亚女王市场里，有不少传了几代的华人菜商；矿工，到塔斯马尼亚岛去开采锡矿，诸如此类。

华人神枪手沈比利

勤劳而聪明的华人很快适应了角色的转变，19 世纪末，仅在新南威尔士殖民地就有将近 800 家由华人经营或拥有的店铺，涉及的行业也越来越广泛，餐饮、种植、清洗等均被包括在内。

而从 1901 年澳大利亚成立联邦之后奉行"白澳政策"开始，在澳华人处境又变得十分尴尬。他们大多不希望自己的子女学习汉语，甚至会改名换姓，不愿意子女被看出有华人血统。二战开始前，澳大利亚的华人只有不到 3 万人，达到了历史的最低点。

尽管如此，在一战和二战期间，仍有一些华

人参战，为澳大利亚效力。其中最著名的代表是在昆士兰长大的神枪手沈比利（Billy Sing，1886—1943），21 世纪初，布里斯班为他树立起了一座纪念碑。

早期的中国移民以香港人、广东人为主，因此在上个世纪，粤语是澳洲华人的主流语言。随着上世纪 70 年代"白澳政策"的彻底废除，澳大利亚开始了真正的多元文化阶段，通过留学、技术需求和商业政策移民到这个国家的华人与日俱增，如今在这里定居者已经超过百万，其中大约 50% 会以汉语作为家庭用语，而每年还有超过 10 万的中国留学生和超过百万的中国游客前来这里求学观光，普通话随之也逐渐代替了粤语的地位，成为澳大利亚除了英语之外最常用的语言之一。

在澳大利亚几乎每一个首府城市都有成规模的唐人街，而且大多位于市区繁华热闹的地方。可以说，华人已成为构成当代澳大利亚社会的基石之一。

小修斯，澳大利亚的历史就讲到这里啦，仿佛和我们脑海里的国家历史不太一样，没有太多波诡云谲和血雨腥风，尤其对白人来说，大多数时候都岁月静好。正如一位国内的学者所言，"没有'通常意义'上的特点，就是澳大利亚历史最大的特点。"

爸爸

走遍澳洲｜城市和小镇

悉尼丨"澳大利亚的心脏"

亲爱的修斯：

　　你好啊，想爸爸了没有？今天去悉尼市区转了转，从海德公园（Hyde Park）、圣玛丽大教堂（St Mary's Cathedral）沿着麦考瑞大街一直走到了海边的悉尼歌剧院。吹着海风，遥望壮观的悉尼港和海港大桥（Sydney Harbour Bridge），心中一直在想你什么时候能来找我，咱们一起去环游澳大利亚！

　　澳大利亚是一个高度城市化的国家，这个国家几乎所有重要的人文景观都集中在数量有限的城市里。

　　从澳大利亚成为英国人的殖民地开始，悉尼就一直保持着这片大陆上第一都市的地位，从未改变。这里不仅是澳大利亚历史最悠久和人口最多最稠密的城市，也是整个国家的商业、贸易、金融、旅游和文化中心，被称为"澳大利亚的心脏"，在我们中国的港澳台地区，这座城市还有着一个更加浪漫的名字——雪梨。

　　长期以来，悉尼都以极高的生活品质著称。舒适的气候、多元的移民文化和众多的世界级景观也让这里多次荣获"世界顶级旅游城市"等称号。

　　悉尼是一座说大不大、说小不小的城市：广义上的大悉尼包括悉尼市区和周边的上百个城镇，面积达到了 12000 多平方公里，超过了伦敦、巴黎、纽约、东京等国际大都市；但狭义上的悉尼市只有 6 平方公里左右的面积和不到 2 万的常住人口，无人不知的悉尼歌剧院、悉尼海港大桥、情人港（Darling Harbour）以及众多的广场、公园、教堂都分布在这片繁华、喧闹又拥挤的市区当中，一两天的时间就可以走遍。

1. 悉尼歌剧院 Sydney Opera House

悉尼歌剧院被公认为 20 世纪最具特色的建筑之
一。整座建筑相当于 20 层楼的高度，远远望去，既
像海湾边竖立着的贝壳，又像两艘巨型的白色帆船。
如果走近观看，歌剧院外表的装饰瓷砖其实并不是雪

白色，而是由浅白和米黄两种颜色组成的，上面带有细细的颗粒，这才使得歌剧院
无论在白天阳光还是夜晚灯光的照射下都显得十分柔和美观。

歌剧院坐落在便利朗角（Bennelong Point），设有音乐厅、歌剧厅两座主厅以
及一些小型剧院、演出厅和餐厅，每年都会有上千场演出在这里举办。

说到歌剧院，就不能不提它的设计者——丹麦设计师约恩·伍重（Jorn Utzon，
1918—2008）。他与这座伟大建筑的恩怨多年来一直令人叹息不已。

1955 年，悉尼政府拆除了原先在此处的电车厂，全球公开招标，要在城市最美
丽的海湾杰克逊港建立起一座提升城市形象的歌剧院。共有 32 个国家 233 件作品
参加了此次评选，评委会最初选出了十件作品，但一位来自美国的评委因故缺席初
选，赶回来再次评选时，对这十件作品全部否定，评委会只得又从全部作品中重新
筛选，最终伍重已经被淘汰的作品重见天日。伍重因此获得了 50 万澳币的大奖，
并被委以建造歌剧院的重任，于 1959 年开工。

不想，这也成了伍重噩梦的开始。最初这项工程的预算是 700 万澳币，完工日
期为 1963 年 1 月 26 日的澳洲国庆日，大致分为三个阶段：

第一是搭建海底平台，整座歌剧院由 588 个深入海平面 25 米的混凝土墩来支撑，
光这一项预算就达到了 5500 万澳币。

第二是歌剧院外壳的设计，他的参赛作品只是一张想象力丰富的草图，以当时
的建筑水平根本无法实现。1959—1963 年间，伍重的设计团队共尝试了 12 种建造
外壳的方法，他也亲赴英国请教全球最权威的结构力学设计公司，但得到的答案是：
impossible！

虽然伍重最终从一只拨开的橘子中找到了灵感，解决了外形的问题，但时间已经过去了 4 年，预算又增加了 1200 万，即使伍重把自己的 50 万奖金都贴进去了也于事无补，这个工程被人讥笑为"永远不能完成的交响曲"。

第三是歌剧院的内外部装潢，虽然工程已经拖延至此，但追求完美的伍重仍坚持所有玻璃要从法国进口，外部 105 万块浅白色或米黄色具备自动去污功能的瓷砖全部要在瑞士定制，而由于歌剧院外形的要求，每块瓷砖的形状都不相同。

这时澳大利亚开始流言四起，指责伍重贪污工程费用。而伍重的工程预算也被政府以浪费纳税人钱财为由拒绝，这导致了建筑师与澳洲政府的决裂。

1966 年，伍重愤然离开澳洲，歌剧院之后的工作由澳洲建筑师合力完成，最终在 1973 年 10 月 20 日正式落成开幕，最后的总花费为 1 亿零 200 万澳币。伍重也在 2003 年获得了建筑学领域里的最高褒奖——普利策建筑奖（Pritzker Architecture Prize），他本人却直到 2008 年去世，都未曾亲眼看到过自己的经典之作。

▎悉尼歌剧院▎

2. 悉尼海港大桥 Sydney Harbour Bridge

落成于 1932 年的悉尼海港大桥和歌剧院同为城市最具标志性的建筑，号称"世界第一单孔拱桥"，当地人亲切地把它称作"晾衣架"。

整座大桥包含引桥全长 1149 米，从海面到桥面高 58.5 米，可容万吨巨轮从身下通过。49 米宽的桥面可以通行火车、汽车，还有专门的人行道，每天通行几万人次，将城市南北两部分完美地连接在了一起。

大桥顶端允许攀登，整个过程需要两三个小时，体验十分刺激，费用也很高昂。每年的 12 月 31 日晚上，海港大桥上都会有盛大的新年烟火表演，五光十色的烟火是悉尼最经典的景观之一。

海港大桥

悉尼海港大桥整个工程的全部用钢量为 5.28 万吨，铆钉数为 600 万个，最大铆钉重量 3.5 公斤，水泥用量 9.5 万立方米，油漆用量 27.2 万升，从这些数字足可看出铁桥工程的雄伟浩大。在 30 年代的条件下，能在大海上凌空架桥实属罕见，当时没有电脑，全靠图纸上的精确计算和工人们的临场经验。据说大桥在 1932 年对接时，误差仅有两毫米，震惊了全球。

海港大桥于 1932 年 3 月 19 日正式开通，揭幕仪式上也发生了一件趣事：仪式由当时的新南威尔士州长 Jack Lang（1876—1975）主持，这引起了保皇派人士的极大不满，他们认为如此重大的仪式应该邀请代表英国女王的州总督来主持。一名叫 Francis de Groot（1888—1969）的保皇派上校策马上桥，在州长之前挥刀将揭幕用的丝带斩断，这就是著名的"抢剪彩事件"，而上校受到的惩罚仅仅是罚款五澳币。

3. 岩石区 The Rocks

古色古香的岩石区是悉尼最早开发的地区，由囚犯建成，一度是海员、黑帮团伙、盗贼和妓女的出没地，声名狼藉。20 世纪初的一场瘟疫让这里逐渐荒废，直到 20 世纪 70 年代，这里被重新打造成一个娱乐休闲区域，老建筑被装修改造成了酒吧、餐厅、画廊、当代艺术馆和旅游纪念品商店，很像上海的新天地。每逢周日，岩石区的街道上都会摆起热闹的市集，还会有音乐表演，游客络绎不绝。

4. 皇家植物园 Royal Botanic Gardens & 麦考瑞夫人座椅 Mrs. Macquarie's Chair

面积达到 30 公顷的悉尼皇家植物园就坐落在歌剧院的后方，是悉尼市区内最美的公园绿地，能看到很多澳洲特有的植物种类。沿着园内东侧的伊丽莎白女王通道可以直达海角顶端的麦考瑞夫人座椅，这里是拍摄海港大桥和歌剧院的最佳取景点，也是很多新人前来拍摄婚纱照的地点。

相传麦考瑞总督在任职内要回英国述职，往返一次需要一年多的时间，麦考瑞夫人就在这里静静等待着船队的回航。由于经常在这里看到可怜的囚犯们登陆，她在总督归来后劝说丈夫要公平对待囚徒，为麦考瑞总督宽容对待囚犯的政策做出了很大的贡献。为了纪念麦考瑞夫人，工匠们雕刻出这把巨大的石椅，并在椅背的位置题写出这段轶事，使麦考瑞夫人的名字永远陪伴着美丽的悉尼港湾。

上 ▮ 麦考瑞夫人座椅
下 ▮ 泰郎加动物园的长颈鹿

5. 泰郎加动物园 Taronga Zoo

坐落在悉尼港北岸半岛的泰郎加动物园被称为"世界上最漂亮的动物园"，与悉尼歌剧院隔海相望，是欣赏悉尼港全景的绝佳地点，从环形码头（Circular Quay）乘船抵达十分方便。

此动物园建于1916年，是澳洲最古老的动物园之一。园内饲养了400多种动物，主要以澳洲"特产"为主，如考拉、袋鼠、鸸鹋等。每天不同时段的动物表演，最受小朋友们欢迎。

6. 情人港 Darling Harbour

位于市区西端的情人港是悉尼最受欢迎的潮流地区之一，遍布餐厅酒吧，白天港内船只穿梭、白鸥翻飞；夜晚则灯火辉煌、游人如织。情人港的码头不仅可以乘坐轮渡，还可以选择水上的士。

| 情人港的码头 |

情人港附近还坐落着多家主题博物馆，如悉尼海洋生物水族馆（Sea Life Sydney Aquarium）、悉尼野生动物世界（Wild Life Sydney Zoo）、海事博物馆（Australian National Maritime Museum）、杜莎夫人蜡像馆（Madame Tussauds Sydney），等等，在港口稍远的地方还有一座叫作"谊园（Chinese Garden of Friendship）"的中国古典园林，这是姐妹城市广州送给悉尼的礼物。

7. 悉尼海德公园 Hyde Park

英联邦国家的不少城市都习惯把自己的市中心公园与伦敦一样命名为海德公园，悉尼也不例外。

悉尼的海德公园初建于1810年，是澳大利亚最古老的公园，按照与伦敦海德公园1/20的比例建造，早年殖民地时期是当地举办板球比赛、职业拳击赛和赛马的地方。

海德公园中最著名的喷泉

公园面积达到了 16.2 公顷，呈长方形，由市中心的 Park Street 横截为南北两部分。公园里绿草如茵，古树参天，南端有澳新军团纪念碑，北侧的中心喷泉由一组青铜雕塑组成，中间站立着一位健美的少年。

8. 悉尼塔 Sydney Tower

构造独特的悉尼塔高达 305 米，是澳大利亚第二高的独立建筑，也是南半球第二高的观光塔，据说设计灵感来自我们西藏地区常见的转经筒。

悉尼塔并不是电视塔或发射塔，纯粹为观光而建造，主要分成 3 个部分：250 米高、用完全透明窗隔离出的 360 度观景平台；260 米高的露天观景平台"空中走廊"和一个可供 220 人同时用餐的旋转餐厅，餐厅地板旋转一圈需要 70 分钟左右的时间。

遥望悉尼塔

9. 悉尼大学 University of Sydney

创立于 1850 年的悉尼大学是全澳大利亚和整个大洋洲的第一所大学，古色古香的校园主楼与著名的牛津、剑桥大学有很多相似的地方，主楼东侧的图书馆 Fisher Library 是南半球最大的学术图书馆，藏书达 510 万册。

在悉尼大学的历史上，曾培养了一系列的重要人物，包括五位澳大利亚总理、二十三位最高法院法官、一位联合国大会主席和三位诺贝尔奖得主。

10. 维多利亚女王大厦 Queen Victoria Building

维多利亚女王大厦（QVB），坐落在悉尼市中心最繁华的乔治大街（George Street）上，距离市政厅不远，是悉尼最高端的购物场所之一，共拥有超过180家商店、咖啡馆和餐厅。

大厦正门前的广场上树立着维多利亚女王的坐像，整座建筑充满浓郁的英式风情，马赛克镶嵌的地面、彩色的玻璃、木质的老电梯都让人大饱眼福，时装设计大师皮尔·卡丹（Pierre Cardin）曾称这里是"世界上最美的购物中心"。

维多利亚女王大厦

墨尔本丨"全球最宜居城市"

世界上有不少国家同时拥有两座旗鼓相当的超级都市，比如美国的纽约和洛杉矶、加拿大的多伦多和温哥华、西班牙的马德里和巴塞罗那，我们中国的北京和上海，而在澳大利亚，能与悉尼媲美的城市非墨尔本莫属。

从19世纪的淘金热时期就开始蓬勃发展的墨尔本长期占据着澳大利亚第二大城市的宝座，如果说繁华又喧闹的悉尼是"南半球的纽约"，那么精致、时尚、文艺气十足的墨尔本就是"南半球的伦敦"。

这座充满活力又能让人安静享受生活的城市多次被评为"世界最佳居住城市"，在服饰、艺术、音乐、体育、饮食等领域都引领着全澳洲的潮流，是当之无愧的"时尚之都"；而高达40%的城市绿化覆盖率又让这里成为名副其实的"花园城市"。维多利亚式的建筑物、有轨电车、歌剧院、画廊、博物馆以及绿树成荫的花园和街道构成了墨尔本经典的市容，据说这里维多利亚式建筑的数量在全球仅次于伦敦。

亚拉河（Yarra River）穿城而过，河畔的弗林德斯街（Flinders Street）与斯潘塞街（Spencer Street）、斯普林街（Spring Street）和维多利亚大街（Victoria Street）围成了一个大约2平方公里的棋盘形市区，墨尔本最精华的景观也大多位于这个四方形及周边。

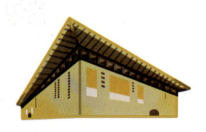

1. 联邦广场 Federation Square

占地 3.2 公顷的联邦广场是墨尔本最大的公众广场，是一个集画廊、影像中心、游客中心、餐厅、酒吧于一体的综合性休闲娱乐场所，建筑风格独特。广场上经常举办多种欢庆活动，经典的新年前夜倒计时就在这里举行；广场上的巨型银幕还会直播当地重要赛事，如澳大利亚网球公开赛的决赛、墨尔本杯澳式橄榄球比赛，等等。

2. 维多利亚议会大厦 Parliament House of Victoria

建于 1856 年的维多利亚议会大厦是澳大利亚最古老和风格最突出的公共建筑之一，现在仍是维多利亚州议会所在地，但游客可预约参观。1851 年维多利亚州独立出来以后，决定在墨尔本建设议会大厦。随后在会议厅的基础上慢慢增加了图书馆、穹顶、女王大厅、廊柱等局部设施，错综复杂的马赛克地砖、镶金装饰、雕像及绘画，使整座建筑浑然一体，散发着华美典雅的气息。

3. 圣帕特里克主教座堂 St Patrick's Cathedral

墨尔本被誉为南半球的"教堂之城"，城内存在着大量维多利亚时期遗留下的教堂，包括著名的圣保罗座堂（St Paul's Cathedral）、苏格兰教堂（Scots' Church）、圣米迦勒联合会教堂（St Michael's Uniting Church），等等，其中最著名的无疑是位于维多利亚州议会大厦身后的墨尔本天主教区主教座堂——圣帕特里克大教堂。

大教堂为典型的哥特式建筑，1863 年开始修建，1897 年落成，高达 103 米的尖塔让这里成为澳大利亚身材最高的教堂，没有之一。教堂内细致的彩绘花窗玻璃、木雕、石刻无不显示着天主教的宏伟庄严，每逢教皇访问澳大利亚，这座教堂也往往是唯一被访问和主持弥撒的地点。城市每年的复活节祈祷、圣诞节祈祷和迎接新年的除夕祈祷等重大活动和一些重要人物的葬礼或公众悼念活动也都会选择在这里举行。

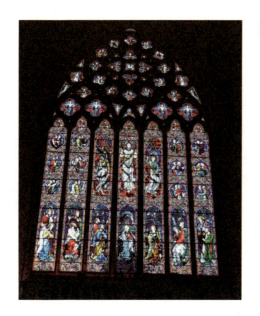

4. 菲兹洛伊花园 Fitzroy Gardens & 库克船长小屋 Cooks' Cottage

位于市区东侧的菲兹洛伊花园是墨尔本的五大花园之一，原是建造墨尔本城市期间的采石场，后来就着地势铺设了绿地，修建起林荫小路，种植了花卉，成为一座鸟语花香的城市公园。如果从空中俯瞰整个花园，会发现园内的林荫小路呈现出英国国旗的米字形状。

1934 年墨尔本建市 100 周年之际，澳洲知名的实业家拉塞尔爵士（Sir Russell Grimwade，1879—1955）出资 800 英镑将澳大利亚大陆的发现者——库克船长 1755 年建于英国约克郡（Yorkshire）的故居买下，作为礼物送给了墨尔本市民。这座总重量 150 吨的故居被一块块拆散，装在 253 个箱子里海运到墨尔本，再照原样组建而成。今天这里是墨尔本每年接待游客最多的历史古迹之一。

故居按照 18 世纪英格兰北部的普通民居风格陈列着各种家居和装饰品，大门石梁上刻着库克船长的父亲 James 和母亲 Grace 姓名中的第一个字母。楼上是船长父母的卧室，楼下有厨房、会客厅和库克船长每次航海归来时居住的小卧室，后花园栽种着许多英国本土的花草、蔬菜和水果。

5. 墨尔本皇家植物园 Royal Botanic Gardens Melbourne

建于 1845 年的墨尔本皇家植物园里汇集了来自全球各地的三万多种植物，其中还有多棵树木为名人亲手所植，如柯南道尔（Arthur Conan Doyle，1859—1930）、菲利普亲王（Prince Philip）和泰国国王等，植物园因此被称为这座城市的"豪华后花园"。

皇家植物园坐落在亚拉河畔，距离市区不远，是当地人钟爱的散步、锻炼或聚会地点，园内有一条长达 4 公里的跑步道，还有一座可以看到鳗鱼与黑天鹅的美丽湖泊。

▌ 皇家植物园里游泳的黑天鹅 ▌

6. 皇家展览馆 Royal Exhibition Building

皇家展览馆是澳大利亚现存的唯一一座建于 19 世纪的展览馆，也是世界范围内为数不多的 19 世纪展览馆之一。正是因此，皇家展览馆与周围的卡尔顿园林（Carlton Gardens）一起被评选为世界遗产。展览馆落成于 1880 年，是为墨尔本国际展览会设计的，造型据说借鉴了伦敦著名的水晶宫（The Crystal Palace）。

展览馆的展厅面积超过了 12000 平方米，标志性的圆形屋顶是从佛罗伦萨的圣母百花大教堂（Florence Cathedral）获取的灵感。1984 年，英国女王访问墨尔本时给展览馆冠上了"皇家"名号。

7. 尤利卡 88 层观景台 Eureka Skydeck 88

尤利卡大厦 88 层的观景台是南半球最高的观景台，乘坐每秒上升 9 米、号称南半球速度最快的电梯，不到 40 秒钟的时间就能来到将近 300 米高、被落地玻璃环绕的观光层。观光层中一个个小型的固定望远镜对应着墨尔本众多的标志性建筑或景观，想要领略墨尔本的大气与精致，这里是最佳的鸟瞰地点。大厦还提供别出心裁的"边缘地带"体验，游人走进一个四面都由玻璃构成的移动立方体，随着被缓缓推出大厦主体建筑，可以感受全身悬空的刺激。

8. 维多利亚女王市场 Queen Victoria Market

从 19 世纪中期就开始运营的维多利亚女王市场是澳大利亚乃至南半球规模最大的露天市场，从海鲜、生肉到蔬菜、水果，从衣服、鞋帽到旅游纪念品一应俱全。

冬天的每周三晚上，市场内设有售卖世界各地风味的美食夜市，现场还会有一些乐队表演。

▎维多利亚女王市场▎

9. 普芬比利蒸汽小火车 Puffing Billy

位于墨尔本郊区的普芬比利蒸汽小火车是世界上保存最完好的蒸汽火车线路之一，也是小朋友们最喜爱的体验项目。坐在火车的窗台上，把双脚悬出车外，驶过数十米高的木制栈桥，一个小时的车程后能够来到风景如画的翡翠湖（Emerald Lake）。在这里无论是享受一顿户外烧烤，还是喂食不怕人的红腰鹦鹉，都特别有趣。

在墨尔本这座南半球英伦范儿最足的城市，还走出过一位华裔市长，这就是曾经当选过"世界最佳市长"的苏震西（John So）。

祖籍广东顺德、出生于香港的苏震西是墨尔本第 102 任市长，也是这座城市史上第一位直选市长，此前墨尔本的市长都是由市议员选出的。

苏震西 17 岁那年和家人从香港移民到澳大利亚，他不但克服了语言困难，最终获得墨尔本大学教育和科学两个学位，还和友人共同发起反对"白澳政策"的运动，建立了留学生联盟和中国学生会。

1991 年，苏震西作为独立候选人参加市议员竞选获得成功；2001 年，他成为墨尔本首位亚裔市长。2004 年又以极大优势成功连任，成为迄今为止墨尔本历史上在任时间最长的市长。

苏震西任市长期间，墨尔本多次当选"全球最佳城市"及"最宜居城市"。为了促进城市旅游业的发展，苏震西常和澳大利亚明星 Livinia Nixon 在《介绍墨尔本》（*That's Melbourne*）节目中出现。

2006 年 12 月，在全球"城市市长"评选活动中，苏震西当选为"世界最佳市长"；2014 年英国女王寿辰时，苏震西因对地区政府及社区关系的杰出贡献和对墨尔本旅游的推广而获颁澳洲官佐勋章。

布里斯班丨气定神闲的"河流之城"

　　如果说悉尼和墨尔本互不服气，忙着争夺澳大利亚第一城市的地位，那么第三大城市布里斯班则神闲气定，悠然地晒着昆士兰州的和煦阳光。

　　布里斯班也被称作"河流之城"，布里斯班河（Brisbane River）犹如一条明亮的缎带，蜿蜒曲折地流过市区，绕了几个S形后又飘然隐没在远方的山谷里。阳光下的布里斯班河碧波盈盈，河两岸的住宅错落有致，沿岸绿草如茵，一派诗情画意的田舍风光，并不像是一座拥有200多万人口的首府城市。

| 布里斯班 |

布里斯班的市区不大，街区规整，景点集中，基本上步行就可以走到，游览起来十分方便。河北岸中央商务区一带建有许多商业大厦、政府机构、酒店、公园和体育场所；河南岸坐落着举办大型露天活动的重要场地——"南岸公园（South Bank Parkland）"以及文化中心特区（Cultural Centre Precinct），城市多数的文化活动都会在这里举办或上演。

1. 布里斯班市政厅 Brisbane City Hall

坐落在市中心的布里斯班市政厅建于1930年，在1971年悉尼歌剧院建成之前，这里一直都是澳大利亚最大和最昂贵的建筑。正门上矗立着一座高达106米的钟楼，曾一度是城市的制高点。

布里斯班市政厅高耸的钟楼

2. 布里斯班圣约翰大教堂 St John's Cathedral （Brisbane）

距离市政厅不远的圣约翰大教堂建于1901年，是一座哥特风格建筑，粉色配以白色的主体十分醒目。教堂拥有澳大利亚唯一一个全石制穹顶天花板，来自英国的石灰石立柱也非常出名，据说里面含有3.5亿年历史的珊瑚虫骨骼。

3. 城市植物园 City Botanic Gardens

花园角半岛的市立植物园是布里斯班最早的城市公园，1855年就已对公众开放。植物园位于北岸，沿河而建，与南岸公园通过好运桥（The Goodwill Bridge）相连。这里能看到澳大利亚第一棵人工种植的夏威夷坚果树和蓝花楹树以及竹林、沃特希尔喷泉（Walter Hill Fountain）等景点，是观赏昆士兰州原生植物的最佳去处。植物园内小径纵横，绿树成荫，一年中的大部分时间都有鲜花绽放，春夏两季更是鸟语花香，一派生机盎然的景象，是当地人非常喜欢的休闲之所。

布里斯班市立植物园

4. 议会大楼 Parliament House

被布里斯班植物园与昆士兰科技大学（Queensland University of Technology）环绕的议会大楼始建于 1865 年，采用了文艺复兴建筑风格，是澳大利亚第一座通电的议会建筑。大楼分为两层，一层主要由上下议院、议员休息室和图书馆组成，二楼则是观众旁听席，楼内的部分区域向游客开放，但必须参加集体导览活动。

5. 澳新军团广场 Anzac Square

位于中央火车站对面的澳新军团广场建成于 1930 年，顶端用 18 根石柱围成的阵亡将士纪念亭里燃烧着长明灯，连接石柱的围栏只有在每年 4 月 25 日澳新军团纪念日时才会打开。

广场四角立有四座雕像，分别代表着澳大利亚军队参加过的第一次世界大战、第二次世界大战、朝鲜战争和越南战争。广场被大片草坪覆盖，也是当地人常去的午后休闲场所。

6. 布里斯班故事桥 Story Bridge

布里斯班河上最著名的"故事桥"其实并没有什么故事，只是设计师以 Story 来命名，他也是悉尼海港大桥的设计者。该桥建造于 1940 年，长 500 多米，是澳大利亚最长的悬臂桥，也是全世界唯有的两座手工建造的大桥之一，在 1992 年被列为昆士兰州遗产。

爬上距离河面 80 米高的桥面，可以 360 度无死角地欣赏城市景观；到了晚上，桥上还会亮起代表城市颜色的紫色灯光。这里也是新年前夜烟火表演的地方。

7. 袋鼠角 Kangaroo Point

故事桥没有故事，袋鼠角也没有袋鼠。位于故事桥一侧的袋鼠角是一个地势较高的观望点，布里斯班河流经这里时正好是个 U 字形，整片城市风貌以超广角呈现，相当壮观，大多表现城市全景的风光照片都是在这里拍摄的。

关于袋鼠角名字的来源有两种说法：一是据说这里的形状很像袋鼠的尾巴；二是传说以前城里袋鼠成灾，影响了人们的生活，于是当地政府就把袋鼠向这里驱赶，迫使它们掉下悬崖，袋鼠角因而得名。

8. 龙柏考拉动物园 Lone Pine Koala Sanctuary

在澳大利亚，只有南澳大利亚州和昆士兰州允许抱考拉，所以位于布里斯班市郊的考拉动物园格外受孩子们欢迎。

龙柏考拉动物园成立于 1927 年，是澳大利亚最早设立的考拉保护区，园内拥有 130 只考拉，正像动物园的标语所说："地球不仅仅是人类的。"

除了能与考拉拥抱合影，在动物园里还能看见袋獾、负鼠、袋鼠等 80 多种澳大利亚的特有动物。

堪培拉丨年轻而低调的花园式首都

新大陆的国家常常会选择一个低调的首都，比如美国的华盛顿、加拿大的渥太华、巴西的巴西利亚、新西兰的惠灵顿，澳大利亚同样如此。

即使在人口稀少的澳大利亚，仅有 30 多万人口的首都堪培拉也只能排在所有城市的第八位。堪培拉是世界上最年轻的首都之一，历史还不到 100 年，关于她从无到有的建立过程还有一个很有趣的故事。

1901 年澳大利亚联邦成立时曾将墨尔本定为首都，但繁华的悉尼并不服气。为了平衡两座城市之间的争夺，联邦议会最终决定在悉尼和墨尔本之间建立一座全新的首都，这座城市将位于新南威尔士州境内，但距离悉尼至少要有 200 英里（约等于 322 公里）。在考察了 23 个地区以后，海拔 760 米、距离悉尼西南约 300 公里的堪培拉脱颖而出，成为澳大利亚的都城。由于当时的堪培拉一片荒芜，直到 1927 年才建设得初具规模，因此墨尔本在那之前一直充当着国家的临时首都。

与绝大多数的城市不同，堪培拉从一开始就是经过周密规划才建设的。1912 年，联邦政府主持了一次世界范围内的城市设计比赛，在 137 个版本中选中了美国著名设计师沃尔特·伯里·格里芬（Walter Burley Griffin，1876—1937）的方案。

格里芬的设计十分新颖，环形及放射状道路由市中心向四周放射，将行政、商业、住宅区域清晰地分开。整座城市以国会山为中心，每一条街道指向澳大利亚的一个州，高耸的国会大厦则象征着这里是权力的中心。由于堪培拉缺水，格里芬特意在城市中心设计了一个以他本人命名的巨型人工湖，湖中心的库克船长喷泉喷射时水柱高达 140 米，位居世界第一。

从空中俯瞰堪培拉，映入眼帘的是一件真正的城市设计杰作：市区极少高层建筑，除了晶莹发亮的格里芬湖，所有楼房和街道全部淹没在绿色的植物之中。堪培拉是世界上园林化程度最高的城市之一，也是一个不设围墙的地方，家家户户都会用花草树木结成的篱笆来代替围墙，整座城市就犹如一座巨大的花园，因此也被称为"大洋洲的花园城"。

1. 国会大厦 Parliament House

位于国会山顶的国会大厦无疑是堪培拉甚至整个澳大利亚的地标性建筑，建筑结构宏伟大气，占地 32 公顷，花岗岩外墙与国会山的形状配合得天衣无缝。国会大厦是国家权力的心脏，联邦议会和联邦总理的办公地，也是澳大利亚历史上建造费用最昂贵的建筑，总耗资超过 11 亿澳元，1988 年 5 月 9 日落成时，英国女王伊丽莎白二世亲自主持了揭幕启用仪式。

国会大厦

大厦外观雄伟，屋顶上高 81 米、重 220 吨的不锈钢旗杆是世界上最大的不锈钢结构之一，飘扬的巨型国旗和闪亮的金属制国徽都显得特别醒目。

国会大厦共拥有 4500 多个房间，大厅及参议院、众议院等地方全年免费开放。大厦内部大量使用了澳洲本土不同种类的优质木材，门厅内悬挂着艺术家阿瑟·博伊德（Arthur Boyd，1920—1999）制作的世界上最大的挂毯。整座建筑内收藏了3000 多件名画、雕塑和照片。

2. 旧国会大厦 Old Parliament House

白色的旧国会大厦正式名称是"临时国会大厦"，是 1927 年到 1988 年间的联邦议会所在地。按照规划，政府从墨尔本迁都来到堪培拉后，这座建筑会作为临时驻地使用 50 年，以待永久性国会大厦的建成。1988 年国会大厦正式启用后，旧国会大厦完成了长达 61 年的历史使命，变为一座历史博物馆，珍藏着国家的历史档案。

3. 格里芬湖 Lake Burley Griffin

人们常说：如果不去格里芬湖，不看喷射式喷泉，就不能算是到过堪培拉。这座巨型的人工循环湖泊占地 704 公顷，周长 35 公里，将堪培拉的国会山和市区分割成了南北两块，对城市规划起到了重要作用。

湖中心的"库克船长纪念喷泉（Captain Cook Memorial Jet）"于 1970 年 4 月 19 日正式启用，而 200 年前的这一天正是他的船队抵达澳大利亚东海岸的日子。喷泉一次喷射会用水 6 吨，站在全城的任何地方都可以看到水柱直冲蓝天。

▌库克船长纪念喷泉▐

4. 国家战争纪念馆 Australian War Memorial

位于格里芬湖北面的国家战争纪念馆是澳大利亚的国家祭坛，为一栋青灰色的圆顶建筑，纪念自 1788 年以来在澳大利亚参与的九次战争中为国捐躯的 10 多万澳大利亚战士。

纪念馆于 1941 年正式建成，中心是庄严肃穆的纪念区（Commemorative Area），两旁的黑色石碑上刻有烈士的名字，并插满了鲜花。馆内还展出了大量战争遗物、图片和模型。多媒体影视厅模拟了当年的战争场景，还有一些如飞机、火炮在内的军事设备允许参观者亲自模拟操作。

▌国家战争纪念馆▌

5. 皇家铸币厂 Royal Australian Mint

位于旧国会大厦和国会山之间的澳大利亚皇家铸币厂落成于 1965 年，由英国女王的丈夫菲利普亲王亲自剪彩。这里的第一项任务是于 1966 年 2 月 14 日生产新型的澳大利亚硬币，至今已经生产了超过十四亿元的流通硬币。

皇家铸币厂除了生产澳大利亚的硬币，也承接生产其他国家硬币的工作，还可以生产国际奖章、徽章等。进入参观，能近距离接触硬币或奖章的生产全过程，十分有趣。

▎皇家铸币厂▎

6. 堪培拉使馆区 Diplomatic Missions

由于澳大利亚首都的特殊地位，超过 70 个国家在堪培拉设立了自己的使馆，不同风格的使馆建筑也为这座城市增添了多元的色彩。美国大使馆呈现典雅的乔治亚式风格；泰国大使馆、印度尼西亚大使馆则带有明显的东南亚建筑风格；而我们中国的大使馆占地面积很大，采用了传统的中式风格，建筑材料都是专门从国内运来的。

7. 卡金顿小人国花园 Cockington Green Gardens

距离堪培拉市大约 15 公里的卡金顿花园是一个迷人的微缩景区，生动地展示着英式村庄、哥特式教堂、酒吧、巨石阵等景观和人们的生活，包括去教堂礼拜、玩板球、进出酒吧、放羊，等等，环绕微缩景观的精致花园中还栽培着园主亲自种植的近 3 万种名贵花草。

花园另一个参观的亮点是新建成的国际微缩馆，包含 30 多个国家标志性的建筑物，很多微缩景观都设有支持游客操作的电动开关。启动开关时，或是火车疾驶，或是风车转动，或是释放出背景音响、气氛效果等，都可以增强身临其境的感觉与趣味。

微缩景观

珀斯 | 西澳中心"黑天鹅城"

西澳大利亚州占据了全国 1/3 的面积,其首府为珀斯。全州超过 75% 的人口都聚集在这里。印度洋东岸的温和气候、天鹅河(Swan River)两侧的别致景色和当地人的友善都使珀斯成为极受欢迎的观光旅游城市和当之无愧的西澳中心。由于经常可以看到黑天鹅,珀斯也被称为"黑天鹅城"。

天鹅河将城市一分为二,河北岸是城市的中心商业区。相比悉尼或墨尔本等大城市,珀斯的中心商业区规模很小,却也不失繁华和优雅。距离市中心只需步行几分钟的北桥区(Northbridge)是著名的华人聚居区,也汇集了这座城市最有人气的餐厅、酒吧、咖啡厅等。

1. 珀斯市政厅 Perth Town Hall

位于城市高处海伊街(Hay Street)和巴拉克街(Barrack Street)街角的珀斯市政厅建成于 1870 年,是典型的维多利亚时代建筑风格,是全澳大利亚唯一由囚犯建造的首府市政厅。

2. 天鹅钟塔 Swan Bell Tower

坐落于天鹅河畔、巴拉克街码头对面的天鹅钟塔也被称为"珀斯钟塔",建成于千禧年,是珀斯的地标之一。钟塔造型独特,左右翼犹如一对天鹅翅膀,玻璃和钢管架构的塔顶高 82 米,收集了来自英国各地的 18 座大钟,可以奏出不同的音乐,是英国以外唯一的皇家钟楼和世界上最大的铜钟组之一,游人也可以亲身体验敲钟的感觉。

上到钟塔的六层，可以在户外平台上欣赏到珀斯市区和天鹅河的全景。在晚上，钟塔还会变换不同的颜色。

3. 珀斯造币厂 Perth Mint

位于海伊街的珀斯造币厂是世界上最古老的造币厂之一，至今仍在运营。在这里，可以参观钱币铸造的过程，了解西澳的造币历史，还能看到全世界最大的金条展览。这里生产的袋鼠金币远近闻名，有意思的是，居然还能找到中国的生肖金币。

4. 国王公园 Kings Park

国王公园距珀斯市中心 1.5 公里，占地 400 公顷，盘踞了整座伊莱山（Mt. Eliza）的山头，是俯瞰城市全景的绝佳地点。

公园拥有 300 多种植物和 80 多种鸟类，在春季野花节期间会变成色彩万千的花海，是西澳最著名的公园及植物园。这里还贴心地提供观光电车、骆驼以及公共烧烤设施，供人们休闲。公园内另有战争纪念碑、土著文化艺术馆等。

5. 西澳大利亚大学 The University of Western Australia

紧邻国王公园的西澳大利亚大学不但是西澳最好的大学和全国八大顶级高等院校之一，更因为迷人的自然风光和古典建筑而被多次评为澳大利亚最美的大学。

大学坐落在天鹅河畔，占地 65 公顷，校园是开放式的，没有大门，任何时候都可以进入参观游览。标志性的温思罗普礼堂（Winthrop Hall）建于 1932 年，每年学校的毕业典礼和重要活动都在这里举行；而艺术系放养在校园内的孔雀也是大学的特色之一。

阿德莱德丨与囚犯无关的"葡萄酒之乡"

　　作为澳大利亚的第五大城市，低调的阿德莱德安静地坐落于广阔的南澳大利亚，与世无争。阿德莱德于 1836 年建城，和其他澳洲城市不同，这里从一开始就与囚犯没有任何关系。

　　设计者威廉·莱特（William Light，1786—1839）上校将城市建造成棋盘形，建筑区之间有宽敞的大街和公共广场，城市周围由公园环绕。恬静的多伦斯河（River Torrens）横贯东西，将整个城区划为南北二区，北区是宁静优美的住宅区，南区则是热闹的商业区。

　　集中的城市规划让游客可以很方便地徒步游览市区内多数经典的建筑和景观，穿过阿德莱德大学（University of Adelaide）的校园便是风景如画的多伦斯河，河岸两侧都是当地居民和学生常去的公园绿地。沿河漫步，可以看到成群的野鸭和黑天鹅，也可以饱览城市风光。

　　建城后不久，阿德莱德就开始吸引诸多欧洲国家的移民，他们带来了种植葡萄和酿葡萄酒的技术。适宜的气候和水土使阿德莱德迅速成为澳大利亚的"葡萄酒之乡"，城市周边分布着无数葡萄园和酿酒厂，如国际闻名的巴罗莎谷（Barossa Valley）等。

1. 阿德莱德节庆中心 Adelaide Festival Centre

紧邻多伦斯河、始建于 1973 年的阿德莱德节庆中心是一幢拥有高大白色屋顶的建筑，被喻为"阿德莱德的悉尼歌剧院"。中心内部设有音乐厅、戏剧厅、太空剧场、小型酒店与餐厅，全年会上演或举办多场精彩的戏剧、舞蹈、音乐和展览。中心地下室是剧场博物馆，介绍各式各样的表演艺术及演出过程。

2. 维多利亚广场 Victoria Square

维多利亚广场是阿德莱德的中心广场，过去曾为市场，拆除后呈现出绿意盎然的风貌，广场上矗立着女王雕像和由本土雕刻家设计的现代化喷泉。在广场上环视一圈，可眺望到阿德莱德新旧两个时代的建筑，如圣弗朗西斯·沙维尔大教堂、南澳大利亚政府大楼、最高法院，等等。

3. 阿德莱德山 Adelaide Hills

环抱市区的阿德莱德山距离市中心大概半小时的车程，是阿德莱德附近的制高点和俯瞰市容的最佳观景点。海拔 721 米的洛夫蒂山（Mount Lofty）是这里的最高峰，站在观景台上，脚下的丛林、葡萄园、果园与远处的城市交织出一片迷人的景色，山顶上的咖啡吧和餐厅也是当地人度假或开 Party 时常去的地方。

4. 汉多夫德国村 German town of Hahndorf

著名的汉多夫德国村同样距离阿德莱德市中心半小时左右的车程，是澳大利亚历史最悠久的德国移民聚集地。

走进小镇的主街，立刻会感受到迎面扑来的浓郁德国风情，许多街旁的建筑物仍保留着百年前的风格，餐厅及酒馆也提供香肠、猪肘、啤酒等德国传统美食，还有不少画廊、手工艺品和旅游纪念品商店。

关于悉尼和墨尔本

悉尼是澳大利亚历史最悠久和人口最稠密的城市，也是整个国家的商业、贸易、金融、旅游、文化中心。舒适的气候、多元的文化、众多的世界级景观让这里多次荣获"世界顶级旅游城市"等称号。悉尼拥有以歌剧院旁的环形码头为中心向外发散的轮渡系统。这里共有大大小小 122 个港湾和 77 片海滩，是冲浪爱好者的天堂。

墨尔本多次被评为"世界最佳居住城市"，在服饰、艺术、音乐、体育、饮食等领域都引领澳洲的潮流，是当之无愧的"时尚之都"。维多利亚式的建筑、有轨电车、歌剧院、美术馆、博物馆、咖啡馆，以及绿树成荫的花园和街道构成了墨尔本经典的市容。维多利亚女王市场是南半球规模最大的露天市场。位于郊区的普芬比利蒸汽小火车是深受小朋友喜爱的体验项目。

达尔文 ▎"澳大利亚多元文化的首府"

只有 15 万人口的达尔文是澳大利亚北领地的首府和西北海岸的主要城市，以英国著名生物学家查尔斯·罗伯特·达尔文（Charles Robert Darwin，1809—1882）命名。这里是澳大利亚土著居民最集中的城市，由于距离亚洲很近，也有很大一部分居民是东南亚和东亚的移民，因此被称为"澳大利亚多元文化的首府"。作为通往亚洲的大门，达尔文也是澳大利亚重要的出口港口和军事基地。

达尔文是唯一经历过现代战争的澳大利亚城市，在第二次世界大战中曾遭遇过日本的多次轰炸。热带气候也让这里经常受到雷暴和龙卷风的侵袭，1974 年圣诞节的一场强烈热带飓风几乎毁灭了整个城市。现在的达尔文正是在那场灾害后重建的，因此到处显现出崭新而现代的面貌。

市区中心设立在达尔文港口北边的狭长岛屿上，东、西、北三面都有海滨环绕。市郊沿港口扩展，主要大道史密斯街（Smith Street）长约 20 公里，街道两旁棕榈树、橘红色蝴蝶花树和白色素馨花树蔽日成荫，景色秀丽。整个市内植物园占地 34 公顷，能看到许多当地特有的热带奇花异草。

1. 达尔文码头区 Darwin Wharf Precinct

达尔文的码头区是飓风后重建的区域，也是市内最繁华的地段，包括主要的历史文化区域、二战时的历史遗迹、漂亮的草坪和人工海浪泳池。码头一直延伸至海上，旁边有很多售卖海鲜的小店，如果把薯条往海里扔的话，会看到很多奇形怪状的海鱼跃出海面抢夺食物。

2. 议会大厦 Parliament House

坐落在市中心的议会大厦是达尔文少见的高楼，也是这里最气派的建筑，白色的大楼和周边葱郁的绿树搭配非常和谐。大厦于 1994 年正式投入使用，方正的外形和弯曲的内部结构特色十足，可以免费进入参观。大厦里悬挂着一些土著艺术家的特色绘画，充满浓郁的北领地风格。

3. 鳄鱼峡谷主题公园 Crocosaurus Cove

3 层楼高的鳄鱼公园坐落在达尔文市中心的繁华地带，耗资 3000 万澳元。澳洲最大的咸水鳄鱼大多聚集于此，这里也是全球最大的澳洲爬行动物展示地。

在野外与鳄鱼亲密接触非常危险且不现实，但在鳄鱼公园却可以得到这样的机会：著名的"死亡之笼（Cage of Death）"是一个全透明的圆柱形大桶，可以容纳 1—2 人。游客进入桶里后，圆桶会被放入住着一只 5 米长大鳄鱼的水池中，可以 360 度近距离与鳄鱼对视，并观看工作人员对鳄鱼的喂食。虽然听起来很刺激，但"死亡之笼"的圆柱形设计非常牢固，安全系数很高，而且鳄鱼每次和人类共处时也都被喂以充足的食物，并没有贸然对人类发起攻击的欲望。

▌来自鳄鱼的凝视

霍巴特┃岛屿之城

　　塔斯马尼亚州的首府霍巴特是全澳大利亚仅次于悉尼的第二古老城市，始建于1804年，因此随处可见古老的砂岩建筑。19世纪30年代建成的货栈、议会大厦和澳大利亚最早的皇家剧院都给这座城市增添了别样的色彩。

　　霍巴特的德文特河（River Derwent）河口是全澳大利亚最好的深水港和排名世界第二深的天然良港（仅次于巴西里约热内卢），历史上也是南大洋的鲸鱼和海豹贸易中心。整座城市也因此迅速发展为塔斯马尼亚岛上人口最多、规模最大的城市。

┃霍巴特┃

温暖的夏天是霍巴特一年中最热闹的季节，圣诞节次日早晨开始的悉尼—霍巴特帆船赛闻名全球，当帆船 12 月 31 日左右到达霍巴特港时，宁静的城市会一下子沸腾起来。全城人会在教堂钟声和船只的汽笛声中迎接新的一年。

作为塔斯马尼亚州的经济、文化、交通和工业中心，霍巴特有着全岛半数以上的人口，但真的来到这里，却会感到如乡村般的恬静与舒缓。这座漂亮的海港城市似乎永远不急不躁，暖色的砂岩与三角船帆相映生辉，海浪声与萨拉曼卡（Salamanca）集市的乐曲声水乳交融，让人感到放松愉快。

1. 萨拉曼卡广场 Salamanca Place

紧邻海港的萨拉曼卡广场是霍巴特最著名的地标和美食、艺术、购物、音乐胜地，过去的老式石头厂房和仓库已经被改造成艺术家、画家和设计师的工作室或画廊。每逢周末，广场上会举办热闹的集市，特色手工制品、最新鲜的有机蔬菜、水果、现磨咖啡等应有尽有，城中最优秀的街头艺人也会前来表演助兴。

▌萨拉曼卡广场▐

2. 亚瑟港 Port Arthur

充满历史感的亚瑟港坐落于霍巴特东部的塔斯曼半岛，是岛上难得一见的人文景观和最著名的旅游景点之一，也被列入了世界文化遗产名录。

由于塔斯曼半岛（Tasman Peninsula）三面环水，仅有一面由 30 米宽的鹰颈峡（Eaglehawk Neck）与塔斯马尼亚本岛相连，因此当年被选作了关押流放犯人的地方。1830 年"亚瑟港流放站"成立，开始利用囚犯为政府生产木材，直到 1877 年监狱关闭为止，这里共囚禁了超过 13000 名罪犯。繁华时期的亚瑟港俨如一个小城市，港内有市政厅、教堂、码头、花园、住宅，这些建筑物都是由犯人一砖一石建成的。大监狱在 1897 年的一场火灾中被烧成废墟，但从断垣残壁上依然能看出当时牢房的森严壁垒。

3. 威灵顿山 Mount Wellington

依山傍海的霍巴特西、南、北三面均为威灵顿山所环抱，只有东面面朝大海。威灵顿山海拔 1271 米，山顶平时被冰雪覆盖，有被称为"风琴管"的柱子，那里是很知名的一处景点，也是俯瞰霍巴特市容最好的地点。整座威灵顿山也在不同高度设立了多处观景台，如山顶的 The Pinnacle，半山腰的 The Springs（海拔 720 米）等。因为与南极大陆隔海相望，不断有来自那里的冷空气吹来，因此攀登威灵顿山时，每上升 100 米，温度就会下降 1 度，山顶的风力常会在 10 级以上，即使在夏天也会有寒风凛冽的感觉。

4. 卡斯卡德啤酒厂 Cascade Brewery

卡斯卡德啤酒厂是澳大利亚历史最悠久且如今仍在运营的啤酒厂，这里生产的卡斯卡德啤酒也是整个澳大利亚最受欢迎的啤酒品牌之一。厂区设有专门的旅游路线，可以了解啤酒酿造的历史和工艺，时长大约为一个半小时。

最美小镇丨14 个观光胜地

亲爱的修斯：

　　认识过了澳大利亚的八个主要城市，是不是已经眼花缭乱了？

　　可你知道吗，澳大利亚是一个自然风光远胜于人文历史的地方，所以，散落在各个风景区附近的小镇才更代表着这个国家的精髓。今天咱们就按照州的划分来聊一聊澳大利亚最具特色和最漂亮的小镇吧。

1. 史蒂芬港（Port Stephens），新南威尔士州

　　坐落在悉尼以北 230 公里的史蒂芬港位于风平浪静的尼尔森海湾（Nelson Bay）之中，有将近 100 只野生瓶鼻海豚常年生活在这里，因此被称为"澳大利亚海豚之都"。每年 5—11 月期间，座头鲸迁徙时也会在史蒂芬港停留，所以这里也是澳大利亚最好的观鲸点之一。

　　史蒂芬港并没有要与海豚保持一定距离的限制，而且出海游船的驾驶员非常熟悉海豚活动的区域，因此在这里有超过 90% 的概率可以近距离看到可爱的海豚。这个仅有 5 万人口的小镇每年都会吸引超过 25 万游客前来。等你来的时候，修斯，我们可不能错过这里。

　　整个史蒂芬港拥有多达 26 片金黄沙滩，最具特色的是南部海湾 Anna Bay 那长达 35 公里、一直绵延到纽卡斯尔的南半球最长移动沙丘 Stockton 沙滩。来到这里，就像瞬间进入了另一个世界，广阔的沙丘如同荒漠，与咫尺之外的蓝色港湾毫无关联。在沙丘上，不仅可以滑沙和驾驶四轮沙滩车，甚至还可以骑着骆驼漫游，体验十分奇妙。

上 ▋ 从海上回望史蒂芬港 ▋
下 ▋ 海豚 ▋

094

修斯的秘密笔记

2. 猎人谷（Hunter Valley），新南威尔士州

同样位于悉尼北面的猎人谷并不是什么打猎胜地，而是新南威尔士州最著名的葡萄酒产区，在整个澳大利亚也是和墨尔本的亚拉河谷、南澳的巴罗莎谷齐名的三大酒区之一。由于山脉阻挡了从海洋吹来的潮湿空气，猎人谷有着典型的地中海气候，因此特别适合葡萄的种植，从19世纪初期就开始酿造葡萄酒，是澳大利亚最古老的葡萄酒产区，现在已经有超过120家大大小小的酒庄。

猎人河穿越整个地区，把猎人谷分为上河谷和下河谷两个部分，大多数的葡萄酒庄都聚集在下河谷。由于距离悉尼不远，虽然猎人谷的葡萄酒产量只占到全国的3%，却是外国游客造访最多的葡萄酒乡。这里几乎所有的酒庄都对游客敞开大门，气氛随性又自由。

即使对于不爱饮酒的人或小朋友们来说，猎人谷也是一个十分友好的地方。除了酒庄，这里还聚集着各式美食餐厅、乡间旅店与度假小屋，在传统的奶酪农庄可以看到现场制作奶酪的流程，而面积巨大的植物园里有着12个争奇斗艳的主题花园，猎人谷也因此成了悉尼人最钟爱的周末度假地之一。

3. 凯马（Kiama），新南威尔士州

位于悉尼以南120公里的沿海小镇凯马处在著名的自驾线路"蓝色海洋路（Grand Pacific Drive）"之上，交通十分便利。

气氛闲适的凯马海岸壮阔，绿草如茵，主街上坐落着19世纪的教堂、邮局和车站，被称为"悉尼的后花园"，而更让这里出名的还是位于海角尽头的那座喷水洞（Blowhole）。

沿着主街走到海角尽头，喷水洞就位于白色灯塔的附近，甚至都不用走近观看就能听到潮水喷出的巨响。涌动的海浪通过狭窄的通道灌入开口向上的海蚀岩洞，压力陡增，每隔几分钟就会喷溅出壮观的水雾和浪花。风力和潮水的不同造成不同的喷水效果，水柱最高可以达到60米，在阳光的照射下能看到清晰的彩虹，这种景观叫作"吹蚀穴（blowhole）"，而凯马的吹蚀穴正是全球最大的一座。

上 | 绿草如茵的凯马 |
下 | 喷水洞 |

4. 洛恩（Lorne），维多利亚州

洛恩小镇是举世闻名的大洋路上最大的一座城镇，也是维多利亚人一直偏爱的度假胜地。镇上的常住人口只有不到 2000 人，但每到旅游旺季和假期，这里都会变得非常热闹。

小镇坐落于鲁提特海湾（Louttit Bay）和奥特维雨林之间，气候温和，依山傍海，雨林围绕，沙滩细软，建筑色彩缤纷，有着澳洲海滨小镇典型的迷人与安逸，一个多世纪前就开始吸引游客前来观光游览。

洛恩只有一条几百米长的主路，就是大洋路上的 Mountjoy Parade，镇上所有的公共设施也基本都位于路的两侧。这里的主要景点是洛恩海滩（Lorne Beach）和厄斯金瀑布（Erskine Falls），海滩就位于主路旁，有一条伸向海中的长长栈桥，风景宜人，墨尔本人特别喜欢来这里游泳、冲浪、钓鱼或烧烤、喝咖啡、晒太阳；厄斯金瀑布是奥特维地区落差最大的瀑布，瀑布旁还凿出一条小道可以通到底端。瀑布距离小镇稍远，有 8 公里左右的距离，不少背包客会选择搭顺风车前往，当地人很热情，都乐意送上一程。

5. 菲利普岛（Phillip Island），维多利亚州

位于菲利普港湾东侧、距离墨尔本大约 130 公里的菲利普岛以神仙小企鹅闻名全球，岛上西南面的萨摩兰海滩（Summerland Beach）上栖息着超过 3 万只世界上最小的企鹅，身高只有大约 30 厘米，因此这里也被称为"企鹅岛"。

每当太阳下山，夜幕降临，一批又一批的小企鹅会结队上岸，一摇一摆地返回自己的巢穴，样子非常可爱。早在千年之前，菲利普岛已经是小企鹅的家乡，他们在沙丘中筑巢，每天早出晚归，白天离开小岛，游到离岸一二百公里的深海觅食，等到天黑透以后，不管何时出海的企鹅都会像人为计时一样准确无误地返回自己的巢穴，千年以来都遵循着固定的路线，十分神奇。

为了避免人为光源刺激小企鹅的眼睛，菲利普岛上实行灯光管制，沿海边只设有几盏瓦数极小的白炽灯；由于企鹅非常胆小，观看它们归巢时，也一律禁止拍照和摄像。而且，为了保护小企鹅的栖息习惯，每年只允许50万人上岛观看。

菲利普岛上野趣十足，除了观看小企鹅归巢，在丘吉尔岛农场（Churchill Island Heritage Farm）观看挤牛奶、剃羊毛表演，到考拉保育中心（Koala Conservation Centre）观看可爱的考拉和袋鼠，到Nobbies海岬邂逅海豹都是很受欢迎的项目。考斯（Cowes）是岛上的主要镇区，在码头上散散步，或躺在草坪上吃着炸鱼薯条晒晒太阳，感觉悠闲而又美好。

6. 巴拉瑞特（Ballarat），维多利亚州

严格说来，巴拉瑞特可不能算作一个城镇，这里是维多利亚州的第三大城市，有将近10万的人口。巴拉瑞特距离墨尔本100公里出头，19世纪50年代发现了大量金矿，从不起眼的小镇迅速发展为一座淘金城市。

在巴拉瑞特城中可以看到一系列维多利亚时代的教堂、剧院、公园等，但更让这里出名的还是建于1970年的疏芬山旅游区。

旅游区是一个由废弃金矿改造而成的淘金体验小镇，保存了淘金时代的原有风貌，所有的房屋、学校、教堂、店铺及街道都建成19世纪时的模样，工作人员也会穿着当时的服饰，在街道上与商店内扮演着往日的生活情景。游客甚至可以下到矿井中体验当年淘金者的工作环境，或到蜡烛店学习19世纪制作蜡烛的方法。景区内最吸引人的项目还要数手持淘金盆在小溪里筛金沙，找到的金粒可以据为己有，当然，不要指望能筛到大块的金子。

7. 凯恩斯（Cairns），昆士兰州

凯恩斯是前往自然奇观大堡礁的门户城市，位于昆士兰州的北部，背倚高山，四周热带雨林密布，南北两翼是绵延数十公里的沙滩和汪洋碧海，素有"热带首都"之誉，大堡礁和名列世界遗产的湿热带雨林（Wet Tropics of Queensland）是来到这里不能错过的两个热点。

在澳大利亚东北海岸绵延 2300 公里的大堡礁由 3000 个珊瑚礁、600 个陆边岛和 300 个珊瑚礁岛组成，面积相当于整个英国的大小，是世界上最大的活珊瑚礁群，也是色彩最斑斓的自然奇观之一。从凯恩斯有着前往外海最密集、最方便的游轮航班，周边的绿岛（Green Island）、菲茨罗伊岛（Fitzroy Island）等都是极受欢迎的度假天堂。

隐秘在热带雨林之中的库兰达（Kuranda）距离凯恩斯不远，被澳洲人称为"童话小镇"，山村街道两边林立着书店、画廊和精品店，也充满着原始的魅力。热带雨林观光空中缆车从雨林的天篷上滑过，下降到雨林的核心地带，茂盛的棕榈树和巨型的蕨类植物会让人大饱眼福；而对于小朋友们来说，历史悠久的库兰达观光火车（Kuranda Scenic Railway）特别有趣，两个小时的火车之旅可以穿越茂密的雨林，饱览崎岖不平的高山、翻滚的瀑布和炫目的巴伦峡谷（Barron Gorge）。

依山傍海的"热带首都"凯恩斯

8. 汉密尔顿岛（Hamiltion Island），昆士兰州

记得爸爸寄给你的明信片上那座梦幻的心形大堡礁么，修斯？虽然凯恩斯是观看大堡礁的中心城市，但要想亲眼看看心形的哈迪礁（Hardy Reef），则需要去昆士兰州圣灵群岛（Whitsunday Islands）中的汉密尔顿岛。

汉密尔顿岛是圣灵群岛74座岛屿中最大的度假岛屿，拥有得天独厚的地理位置，正位于南北大堡礁的中心，被称为"大堡礁之星"。由珊瑚礁形成的天然海洋之心心形大堡礁以及世界上最洁白的沙滩白天堂沙滩（Whitehaven Beach）是这里的两大招牌，乘坐直升机半小时就可以抵达。白天堂沙滩被誉为"全球最美的十个沙滩"之一，绵延7公里，98%由二氧化硅组成，受到澳洲政府的严格保护，不允许有任何建筑和开发，保留了完美的原生态环境。

汉密尔顿岛虽然不大，本身却也是一个风景特别优美的地方，气候温和，海滩平缓，海水湛蓝，植被茂盛。为了减少汽车对空气造成的污染，岛上的主要交通工具是电动的高尔夫球车或免费的环岛巴士，可以方便地到达猫眼海滩（Catseye Beach）等景点。

汉密尔顿岛码头

9. 弗里曼特尔（Fremantle），西澳大利亚州

建于 1892 年的弗里曼特尔是天鹅河的出海口，也是珀斯的卫星城和西澳大利亚重要的港口，位于珀斯西南 19 公里的地方。小镇以 1829 年发现这里的英国海军军官查尔斯·弗里曼特尔（Charles Fremantle，1800—1869）命名，虽然只有 3 万人口，却保存着很多高雅的殖民建筑和古色古香的小巷，与 100 多年前的样子没有太大差别，也被誉为"世界上保存最佳的 19 世纪港口城市"。

弗里曼特尔有着宜人的地中海型气候，来到这里最好的游览方式就是随意坐在港口的露天咖啡座里，欣赏印度洋的湛蓝海水和点点飘荡的白帆。当地人喜欢把港口的午后海风称作"弗里曼特尔医师（Fremantle Doctor）"，据说只要吸上几口，就会把胸中的郁闷全部抛到九霄云外，疾病就此不药而愈。

小镇里最老的建筑应该算是弗里曼特尔监狱（Fremantle Prison）了，这座建筑一直使用了 136 年，至今仍然保有完整的原貌，幽暗的禁闭室、狭窄恐怖的牢房都令人印象深刻。如果参加晚上的烛光导览，拿着手电筒，靠着微弱的灯光探访绞首台遗迹，会感觉惊险又刺激。

除了监狱，古老的弗里曼特尔市场（Fremantle Markets）、弗里曼特尔艺术中心（Fremantle Arts Centre）、海事博物馆（Marltime Museum）和圆屋（Round House）、钓鱼船港（Fishing Boat Harbour）都是小镇中值得探访的地点，如果走累了，镇中最主要的两条街道高街和市场街上都有很多餐厅、酒吧和咖啡店可以选择。

10. 布鲁姆（Broome），西澳大利亚州

位于珀斯北面 2200 公里的布鲁姆是西澳金伯利地区的主要城镇，以前曾是世界上重要的珍珠生产中心，现在主要以观光旅游为主。

距离小镇 7 公里远的凯布尔沙滩（Cable Beach）是西澳最著名的海滩之一，长达 22.5 公里，柔软的白沙超乎想象，是很多人前来布鲁姆旅游的主要原因。

1889 年，一条长长的海底电缆从这里将澳大利亚西北部与印度尼西亚连接起来，开启了西澳与世界的通信，海滩也因此被命名。凯布尔沙滩的海水温暖、平静，柔

和的海浪只到脚踝高，骑在骆驼背上观看夕阳缓缓落入海面是这里必不可少的一项体验，白色沙滩、蔚蓝海水和橙红的落日交织出西澳最浪漫和经典的景致。

如果在 3—10 月间的满月前后来到布鲁姆，还很可能目睹"登月银梯（Staircase to the Moon）"的奇景：夜晚退潮时，远方的地平线和月亮相接，层层月光映照着退潮的海滩，宛如通往月亮的阶梯，让人产生一种可以顺梯登月的奇妙幻觉。

11. 巴罗莎谷（Barossa Valley），南澳大利亚州

位于阿德莱德东北约 55 公里的巴罗莎谷是澳大利亚最负盛名的葡萄酒产区，绵延的丘陵间星罗棋布有 150 多座酒庄和 80 多间酒窖。类似莱茵河（Rhine）地区的气候让早期移民的德国人在这里开始了葡萄的种植和葡萄酒的酿造，但比起严谨的德国，这里的酿造方式更为自由，逐渐成为澳大利亚葡萄酒的代表。

巴罗莎谷是由塔南达（Tanunda）、努里乌帕特（Nuriootpa）、林多克（Lyndoch）与古勒（Gawler）等城镇构成的环形谷地。位于努里乌帕特的奔富葡萄酒厂（Penfolds Wines）是澳大利亚规模最大和最著名的葡萄酒厂，"葛兰许（Grange）"顶级系列葡萄酒享誉全球，有"澳洲酒王"之称。

每年的 2—5 月是南澳的葡萄采收期，也是巴罗莎谷最美的时节。青丘连绵，满园正待采收的葡萄涨着深紫饱满的表皮，在阳光下绿叶油亮，酒庄之外成排的棕榈树更点缀出一份悠闲，据说连英国女王都对这里的景色和美酒赞不绝口。

12. 库伯佩地（Coober Pedy），南澳大利亚州

位于阿德莱德以北 800 多公里的库伯佩地如果从地表看去，显得非常荒凉，只有孤零零的几家宾馆和一个寸草不生的高尔夫球场，就像是一座遭到废弃的村子。但实际上，这个小镇共有 3500 名居民，而他们大多数都生活在地下，使这里变成闻名遐迩的地下城镇。

小镇始建于 1915 年，当时这里发现了大量高质量的蛋白石矿，从那时起，小镇便成为全球蛋白石——也就是色彩斑斓的澳洲特产"澳宝"的主要供应地。由于库伯佩地夏季的温度很高，地表经常超过 40 摄氏度，居住在这里的矿工们开始挖掘地下洞穴居住，100 年后，这里已经打造出数座地下宾馆、教堂、礼品店、酒吧、

博物馆和一家赌场。这些建筑都会竖起一个烟囱进行通风，以保持地下的温度适宜。

　　到了这座澳宝之都，可以在矿洞里搭建的地下住家里结识悠闲友善的当地人，或者戴上头盔，到现在已成为博物馆的废弃矿中探寻库伯佩地的历史，通道的墙壁上仍可见到澳宝的矿层。

库伯佩地地下生活

13. 里奇蒙（Richmond），塔斯马尼亚州

　　距离首府霍巴特不远的小镇里奇蒙被称为"塔斯马尼亚历史的活化石"，创建于 1824 年，在殖民地早期是塔斯马尼亚通往澳大利亚大陆的重要通道。随着霍巴特跨海大桥的修建，里奇蒙不再是必经的停靠点，随即在 20 世纪初停止了发展，却完好地保存下了 19 世纪的风貌。

现在的里奇蒙只有 800 名左右的居民，却有着 50 多座 19 世纪的乔治亚式建筑，古色古香。走在小镇的街道上，放眼望去没有任何现代化的建筑物，除了平房、花园就是牧场，仿佛穿越回了 19 世纪。

由囚犯们修建于 1823 年到 1825 年的澳大利亚最古老的石桥是小镇的标志，桥洞下河水清澈，水草繁茂，还能看到成群的野鸭；不远的山坡上矗立着澳大利亚现存最古老的天主教堂——建于 1836 年的圣约翰教堂（St John's Catholic church），虽然规模很小，也谈不上精美，但别有一番古朴的风韵。

▌建于 1823 年的石桥▌

14. 谢菲尔德壁画小镇（Sheffield），塔斯马尼亚州

位于塔斯马尼亚岛西北部、朗塞斯顿至摇篮山之间的谢菲尔德原本是一座默默无闻的农牧小镇，随着整体经济的下滑，小镇独辟蹊径，决定向旅游业转型。1986 年，

镇上的第一幅壁画诞生，题目是《宁静和温暖》（*Stillness and Warmth*），用来纪念镇上的传奇人物——提议把摇篮山设立为国家公园的奥地利领事 Gustav Weindorfer（1874—1932）。随后，越来越多以小镇历史事件、历史人物和环境为主题的壁画诞生，迄今已有 1000 多平方米的壁画出现在小镇几乎所有的墙壁上，包括荒废的房屋，不少都出自当代大师级的艺术家之手，整个小镇看起来就像一幅 3D 版的立体画册。

现在的谢菲尔德小镇每年都会举办一场国际性的壁画比赛，时间从每年的复活节周日开始，为期一周。艺术家们会在这七天里创作出作品并接受评选，最终角逐出不同的奖项，所有壁画将被展出并保留至第二年。2007 年，中国香港的歌手陈奕迅也追随当地风俗在这里创作了一幅壁画。因为他的画作，谢菲尔德小镇受到了越来越多中国人的关注。

走遍澳洲丨海滩和国家公园

海滩篇丨77 片海滩和一条大洋路

亲爱的小修斯：

　　你好吗？猜猜今天我们要聊到什么了？嗯，就是你最感兴趣的大海与海滩。来到澳大利亚，最经典和普遍的风景就是片片的蓝天绿茵和碧海银沙。作为世界上海岸线最长的国家，澳大利亚的海滩数量超过了 10000 处。可以说，没有哪个国家比澳大利亚更受上天眷顾，拥有如此多的绝美海滩，也没有哪国人比澳大利亚人更爱海滩，形成如此丰富的海滩文化。

　　澳大利亚与海洋的交往可以追溯到万年以前，土著居民在海边从事珍珠养殖、鲸鱼捕捞等行业，并与临近的印度尼西亚和巴布亚新几内亚人进行交易。进入 19 世纪，澳大利亚开始形成自己的海滩文化，画家和作家们开始讴歌和描绘这里的细沙清浪和成片的棕榈树。到了 20 世纪 70 年代，澳大利亚的海滩文化已经名扬世界，海边的休闲与海中的运动越来越丰富多彩，当地的不少节庆以及多样的乐队表演、艺术展等都会在海滩举行。周末在海滩上放眼望去，会看到父母带着孩子在沙滩上和海水中嬉戏，冲浪俱乐部的成员们在浪尖和浪底跳跃翻滚……即使什么都不做，只是在阳光下吹着海风喝喝咖啡，吃吃炸鱼薯条，一天也会过得飞快。

　　海滩在澳洲人的生活中有着不可或缺的地位，无论老少，都是海滩的忠实粉丝，对于绝大多数澳洲人来说，游泳不能算是一种技能，而是一种本能，不少人会游泳甚至比会走路还要早。晒成褐色皮肤和淡色的头发是澳大利亚人的外貌标志，而平等与自由可以说是这里海滩文化的精髓，一旦泳衣上身，再无贵贱之分，所有人都能享受到大自然馈赠的放松与闲适。

　　人们常把悉尼称为"海滩城市"，这里共有大大小小 122 个港湾和 77 片海滩，距离市区不远的邦迪海滩（Bondi Beach）和曼利海滩（Manly Beach）是其中当之无愧的超级明星。

　　长达一公里的邦迪海滩在原住民的语言中有"激碎在岩石上的浪花"的意思，是悉尼的必游景点之一。连绵不断的金色沙滩与一碧如洗的太平洋和喧嚣的坎贝尔步道（Campbell Parade）交相辉映，一百多年前就吸引来了大量的当地人与游客。

　　便利的交通、时尚的购物街、地道的咖啡馆、宽敞的海滨道、秀丽的丛林步行道和绵延 1.5 公里的沙滩则构成了另一片知名海滩——曼利海滩——全方位的精彩。

111

海滩北端有冲浪者青睐的女皇崖（Queens Cliff），沿着南端的小路可以从冲浪救生俱乐部走到少有人知的雪莉海滩（Shelly Beach），一步喧嚣，一步寂静，风光是不变的背景板，当地人称这里"距离市区七英里，距离烦恼百万里（7 miles from the city and a million miles from care）"。

离开繁华的悉尼，无论向北还是向南，同样不缺少风景迷人的海滩。从悉尼向北自驾半小时左右就开始了绵延80公里的中央海岸区（Central Coast），尤米纳海滩（Umina Beach）、艾塔龙海滩（Ettalong Beach）、特里格尔海滩（Terrigal Beach）、阿沃卡海滩（Avoca Beach）等一连串的海滩可供人们划船、冲浪、潜水、垂钓、观鸟甚至捕虾捕蟹，度假氛围浓郁；位于中央海岸最大的内陆湖Tuggerah Lakes旁边的The Entrance小镇占据着与海相通的唯一入口，湖海相连，淡咸水交融，吸引了300多只鹈鹕在此常住。每天下午三点半，小镇广场上会准时开始喂食鹈鹕，因此也被称为"澳大利亚鹈鹕之都"。

如果选择从悉尼向南游览，同样亮点众多。起自皇家国家公园（Royal National Park）、终于Shoalhaven Heads海湾、全长140公里的"蓝色海洋路"连接着新南威尔士州的两大城市悉尼和卧龙岗，途中会经过高空滑翔圣地Bald Hill和665米长的海崖大桥（Sea Cliff Bridge）。继续向南，就会来到观鲸圣地杰维斯湾（Jervis Bay），这里有大片的洁白沙滩，其中就包括经过吉尼斯认证的"世界最白沙滩"——海姆斯沙滩（Hyams Beach）。需要注意的是，因为海滩上粉末状的细沙太过洁白，在炽烈的阳光照耀下，这片海滩的紫外线辐射量是其他海滩的1.4—1.7倍，如果不采取防护措施，皮肤会在半小时内被迅速灼伤，因此也被称为"最危险的沙滩"。

上 | 曼利海滩 |
下 | "鹈鹕之都"——入海口小镇 |

有人说：即使整个维多利亚州没有其他任何海滩，只凭着一条大洋路，也足以成为世界级的海滩胜地。

大洋路是一条编号 B100 的滨海公路，一般认为起点位于托尔坎（Torquay），终点在亚伦斯福特（Allansford）。这条公路是为了纪念参加第一次世界大战的士兵而修建的，参与建设的工人超过了 3000 名，其中也包括不少参战的老兵。1932 年，大洋路全线贯通，20 世纪 80 年代初被正式定为国家自然公园。

这条全长近 300 公里的蜿蜒公路被公认为世界上最美的滨海自驾线路之一，沿途奇景迭出，不经意的一个转弯就会看到令人惊叹的悬崖和海滩，而这些海滩往往空无一人，孤傲地守望着壮阔的南太平洋。

从托尔坎出发，沿途会经过贝尔斯海滩（Bells Beach），安格尔西（Anglesea）、洛恩、阿波罗湾（Apollo Bay）等众多村镇，每一个小镇都拥有值得停留一整天的海滩。整个大洋路最精华的地段位于坎贝尔港国家公园（Port Campbell National Park）的海岸线上，经过百万年风化和海水侵蚀形成的断壁岩石——十二使徒岩（The Twelve Apostles）和伦敦拱桥（London Arch）无不让人感慨大自然的鬼斧神工。走下十二使徒岩旁的吉布森台阶（Gibson Steps），漫步在巨浪拍打着岩石的海滩上，大洋路的波澜壮阔一览无遗。

十二使徒岩

冲浪者的天堂丨没有围栏的动物园

位于昆士兰南部的黄金海岸（Gold Coast）不仅是澳大利亚第六大城市，更是有着 40 多公里海岸线、由 10 多个连续排列的优质沙滩组成的度假和冲浪胜地，终年阳光普照，空气湿润，一年四季都适宜旅游。

黄金海岸的中心是繁华时尚的冲浪者天堂（Surfers Paradise），鳞次栉比的摩天大楼就矗立在平整的金色沙滩旁。灯火通明的海滨街道上各式餐厅、奢侈品商店、免税店一应俱全。入夜后，海浪的翻滚声与人们的喧哗声融为一体，处处透着度假胜地的热烈气氛。

除了宜人的景色和时尚的氛围，黄金海岸还是一处特别受小朋友们青睐的地方，因为这里分布着多座别有趣味的主题乐园。在海洋世界中，能看到精彩的海豚表演；华纳电影世界里则有多部经典影片的拍摄场景，可以亲身体验电影中所运用的特技效果和音乐，蝙蝠侠、超人等银幕形象会随时出现在面前；而在天堂农庄可以欣赏当地人的剪羊毛表演，感受原始的澳洲生活。

位于南澳大利亚州的袋鼠岛（Kangaroo Island），面积达 4405 平方公里，是澳大利亚继塔斯马尼亚与梅尔维尔岛（Melville Island）之后的第三大岛屿，与首府城市阿德莱德只有 110 公里距离，被称作"没有围栏的动物园"。岛屿的一大半被原生灌木林覆盖，是野生动物们栖息的天堂。

岛上有众多充满原始风情的海湾与沙滩，比如最大城镇金斯科特（Kingscote）附近的鸸鹋湾（Emu Bay），就因为清澈的水质和长长的海岸线而备受欢迎；住着 500 头稀有澳洲海狮的海豹湾保育公园（Seal Bay Conservation Park）则是全岛最负盛名的观光点，据说全世界只有这里可以近距离看到野生海狮。蠢萌又温顺的海狮们懒洋洋地躺在沙滩上晒着日光浴，不但一点也不怕人，还会非常配合地摆好 pose 任人拍照。

上 黄金海岸
下 冲浪者天堂

袋鼠岛的海岸线悬崖陡峭、海浪澎湃、野性十足，岛上矗立着数座醒目的灯塔，如建于 1852 年的南澳第一座灯塔威洛比角灯塔（Cape Willoughby Lighthouse）、建于 1858 年的博尔达角灯塔（Cape Borda Lighthouse）和建于 1902 年的杜考迪克角灯塔（Cape du Couedic Lighthouse）等。神奇的是，在中南部海滩的不远处，还坐落着一片叫作"小撒哈拉（Little Sahara）"的沙丘，这里沙质细，坡度大，滑沙体验相当刺激。

最奢侈的海滩 | 最纯净的海滩

西澳的首府珀斯也是一座以海滩著名的城市，景色之优美足以和东部的黄金海岸相媲美。由一系列海滩连接而成的海岸线叫作"日落海岸"，包括布莱顿海滩（Brighton Beach）、科茨洛海滩（Cottesloe Beach）、斯旺伯恩海滩（Swanbourne Beach，著名天体沙滩）、洛里厄特海滩（Floreat Beach）、斯卡伯勒海滩（Scarborough Beach，著名冲浪圣地）、城市海滩（City Beach）、北部海滩（North Beach）、沃特曼海滩（Waterman Beach）、索伦托海滩（Sorrento Beach），等等。

离开城市，广阔的西澳也有着众多极富特色的海滩，其中无疑以距离丹汉姆（Denham）45公里、坐落于鲨鱼湾（Shark Bay）中的贝壳海滩（Shell Beach）最为吸引人，这是世界上仅有的两座完全由贝壳形成的海滩之一，也作为鲨鱼湾中的一部分入选了世界文化遗产。

贝壳海滩蔓延整整110公里，由几十亿个贝壳组成，被誉为"世界上最奢侈的海滩"。贝壳海滩上的贝壳没有天敌，可以大量繁殖，经过4000多年的累积，这里的贝壳已达7—10米高，贝壳内的石灰质与雨水中的碳酸钙结合形成了白色结晶，进而形成了现在这道惊艳的奇异景观。

塔斯马尼亚拥有澳大利亚最纯净的海滩，位于塔岛东部的酒杯湾（Wineglass Bay）早在上世纪就被公认位居"世界十大最美的海滩"之列，半月形的海滩上，耀眼的白沙与湛蓝的海水相映成趣，成为塔斯马尼亚最受欢迎的度假胜地和新婚蜜月胜地之一，也是游泳、潜水、划船和钓鱼爱好者的天堂。

酒杯湾位于菲辛那半岛（Freycinet Peninsula）上，属于1916年成立的菲辛那国家公园（Freycinet National Park）的一部分。相传很久以前，人们每年都会在这个海湾里面屠宰鲸鱼，血水染红海水，从高处远望就像一杯红酒。现在观赏酒杯湾仍需付出一定的体力，从景区大门跋涉半小时左右才可以到达观景平台。沙滩与海湾形成轮廓分明的新月形，犹如盛满美酒的水晶杯。如果要想亲脚触碰到沙滩，还需要从观景平台继续徒步，最经典的一条线路往返大约需要一个半小时。

同样坐落在塔斯马尼亚东海岸，位于酒杯湾北面的火焰湾（Bay of Fires）以清澈湛蓝的海水、洁白幼细的沙滩和天然呈现橙色的石头闻名，被认为是岛上最棒的海滩。

火焰湾绵延 29 公里，并不是一个单一的海湾，而是由一连串极品白沙滩组成的。在阳光的照射下，海藻与真菌共栖而呈现出橙红色的花岗岩巨石如同着火一般。但实际上，火焰湾的名字并不是因为这些巨石而来：1773 年，英国航海家托拜厄斯·弗诺（Tobias Furneaux，1735—1781）来到此地时发现原住民在田野里大面积烧火，于是就把这个海湾命名为"火焰湾"。真相好像缺少了一点浪漫的味道，是不是，修斯？

火焰湾

国家公园篇 I
白色的婚礼蛋糕与淡淡的蓝色烟雾

小修斯：

　　我们已经聊过了澳大利亚的城市、村镇和海滩，但还有一个重要的部分没有谈到，那就是几乎遍布整片澳洲大陆的国家公园。

　　澳大利亚在很早以前就有了建立自然风景保护区的意识，1879 年就建立起第一座国家公园，到了 1916 年，六个州都拥有了自己的国家公园。现在的澳大利亚共拥有 500 多座国家公园，占地达到 28 万平方公里，几乎占到了国土面积的 4%，从高山到沙漠，从森林到海洋，这里的国家公园形态多样，内容丰富，令人眼花缭乱。

　　位于悉尼南部的皇家国家公园是澳大利亚的第一座公园和世界上第二座国家公园，建立于 1879 年，仅比美国黄石国家公园（Yellowstone National Park）晚 7 年。当地人习惯把这里称作"Nasho"或"The Royal"。

　　皇家国家公园占地 130 多平方公里，森林植被保护完整，在河谷小溪两侧生长着丰繁茂密的天然沟谷林。公园内百鸟齐鸣，最多的是鹦鹉、白鸽和小海鸥，林间草地上时而可见袋鼠穿越。公园内还设有历史陈列馆，展示着公园 100 多年的发展过程，陈列有各种动物、植物、矿物、工具的实物标本。

　　皇家国家公园拥有不少独特的景观，其中以婚礼蛋糕岩（Wedding Cake Rock）、8 字湖（Figure 8 Pool）、Little Garie 海滩和 Winifred 瀑布最为知名。

位于悬崖边、通体乳白的婚礼蛋糕岩是一块方块砂岩巨石，当地人也称它为"奶酪岩（Cheese Rock）"，而我们中国人更愿意叫"豆腐石"。这块石头真的像豆腐一样脆弱，中间已经出现了裂缝，有人说，它不出十年就会断裂掉进大海；8字湖是海岸边的礁石被海水常年侵蚀后出现的两个圆坑，碰巧连在一起形成了8字形状。

皇家国家公园是悉尼人徒步和野营的天堂，每到周末和假日都会迎来众多的游客。每年冬季，站在悬崖边甚至还能远眺迁徙的鲸鱼群。

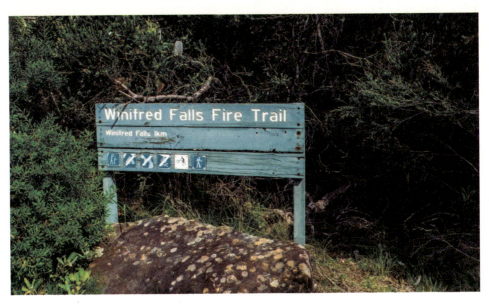

地貌多样的皇家国家公园是户外运动爱好者们的天堂

位于悉尼西侧100公里左右的蓝山国家公园（Blue Mountain National Park）是新南威尔士州名气最大的国家公园之一，这片广阔的区域几乎都被茂密的桉树林覆盖，桉树树叶排出的桉树油在太阳的照射下发出淡淡的蓝雾，蓝山也因而得名。

蓝山海拔1100多米，是罕见的峰、峦、崮结合的山脉地区，因为独特的地貌和丰富的植被入选了世界自然遗产名录。标志性的三姐妹峰（Three Sisters）经常作为悉尼地区的代表出现在各种风景明信片中。

三姐妹峰

19 世纪，在蓝山地区发现了丰富的煤资源，于是开挖了大大小小的煤矿，也出现了一些特色的小镇。从这里最大的镇子坎通巴（Katoomba）可以很方便地到达核心游览地——景观世界（Scenic World）。这里有 52 度倾斜角的缆车，可直达谷底。谷底的观光步道两旁有当年的煤车、煤洞和 400 多种桉树。步行道标识清晰，曲径通幽，溪水瀑布穿流其间，景致悠然。

最古老的灯塔｜最古老的森林

　　大奥特维国家公园（Great Otway National Park）是著名的大洋路上的一座国家公园，占地约 1000 平方公里，从托尔坎镇一直延伸至王子镇（Princetown），向北穿过奥特维腹地到寇拉克（Colac）。公园内拥有曲折的海岸线、细沙绵软的海滩、高大的森林、蕨类繁茂的溪谷、气势磅礴的瀑布和宁静的湖泊。

　　公园内有长达 91 公里的大洋路步行路线，从度假小镇阿波罗湾绵延至毗邻十二使徒岩的格兰那普牧场（Glenample Homestead）。徒步于公园，有很大机会看到树上栖息的野生考拉。

　　位于海岬顶端的奥特维灯塔（Cape Otway Lighthouse）是澳洲大陆最古老和最重要的灯塔之一，在澳洲航海史上扮演过非常重要的角色，现在则是公园中首屈一指的人文景观，被亲昵地称为"白皇后"。

▌白皇后▐

位于凯恩斯北部的丹翠雨林（Daintree Rainforest）号称"全球最古老的森林"，与大堡礁毗邻，雨林中的山峦、瀑布、溪流、牧场众多，孕育着地球上最多样化的植物和动物，包括罕见的树袋鼠和濒危的鹤鸵。

丹翠国家公园（Daintree National Park）创立于1981年，取自澳大利亚早期探险家理查德·丹翠（Richard Daintree，1832—1878）之名。公园除了自然景观，还有小村镇的农田点缀其间。

雨林最与众不同的是古老的蕨类植物，据说电影《阿凡达》（*Avatar*）翠绿色藤蔓和郁郁葱葱的天篷的原型就来源于此。乘船游览在丹翠河（Daintree River）蜿蜒曲折的水道，可以寻找到咸水鳄鱼的踪迹；而雨林与大堡礁交汇的考验角（Cape Tribulation）被称为"地球上最非凡的地方"。

丹翠雨林

盐湖风光 | 尖峰石阵

在阿德莱德以北 700 公里的荒芜苍凉的南澳内陆地区，坐落着占地超过 13000 平方公里的南澳大利亚州艾尔湖国家公园（Kati Thanda-Lake Eyre National Park），澳大利亚最大的盐湖艾尔湖就位于其中。

艾尔湖由一个水渠连接起来的两个湖泊组成，长 144 公里，宽 77 公里，其中一个湖泊常年无水，这里是澳大利亚地势最低和最干燥的一处地方。湖泊以 1840 年第一个发现它的欧洲人爱德华·约翰·艾尔（Edward John Eyre，1815—1901）命名，但原住民阿拉巴那人（Arabana）已在这里生活了几千年，艾尔湖也是原住民重要的精神圣地，带有神秘的色彩。

科学家们发现：平均每隔 8 年湖水就会被填充一次，在过去的 150 年间，艾尔湖曾经三次水位达到了极限。当湖水泛滥时，这里到处都是水鸟展翅飞翔的身影，从空中传来的鸣叫声不绝于耳，原来荒凉寂静的土地上也会长满色彩缤纷的野花和

爱德华·约翰·艾尔

无边无际的绿色植物；而当水分蒸发、湖泊干涸时，湖内的盐度骤升，逐渐变成粉红色。当湖泊彻底干涸后，就变成了一座巨大的盐田，晶莹剔透的白色晶体在阳光的照耀下闪闪发光。

广阔而独特的艾尔湖国家公园里还有许多珍奇的爬行类动物、鱼类和水鸟，欣赏湖泊的最佳地点是哈利干湾（Halligan Bay）。

距西澳珀斯大约 200 公里的南本国家公园（Nambung National Park）拥有一项著名的地质奇观——尖峰石阵，每年有超过 20 万旅行者慕名前来。

尖峰石阵是由海水干涸后底部堆积的贝壳形成的石灰岩柱，大约形成在 2.5 万—3 万年前，随着时间的推移，海风将贝壳周围的沙质吹走，将石灰质暴露在空气中由大自然雕琢。石阵中的石灰岩柱数量众多，有的甚至高达几米，它们散布在沙漠里，形成的景观神秘诡异，与周围环境格格不入，有些从凹凸不平的地方断开，还有一些是穹顶，看起来很像墓碑。

而距离神秘的石阵不远则是另一番天地：湛蓝的印度洋、白色的沙滩和密布的珊瑚礁。这里非常适合游泳、潜水和冲浪，还能看到袋鼠、楔尾鹰、鸨和鸸鹋等多种有澳洲大陆特色的动物。

最神秘莫测的地区丨最深不可测的湖泊

占地约 2400 平方公里的波奴鲁鲁国家公园（Purnululu National Park）位于西澳东北部的东金伯利地区（East Kimberley Region），这里是地球上人口最稀疏、最神秘的地区之一，距离首府珀斯有 3000 公里的距离，而距离北领地的首府达尔文只有 1120 公里。

公园中地标性的班古鲁班古鲁山脉（Bungle Bungle Ranges）距离主要的高速公路不远，却一直仅为当地人所知，直到 1983 年一个纪录片摄制组才为世人揭开了她的面纱。山脉是一条 3 亿 5 千万年前的古老河床沉积物挤压而成的砂岩地貌，呈现出独特的橙色、灰色和黑色条纹。拔地而起的山峰遮蔽着幽深的峡谷和棕榈环绕的水潭。地处荒野内陆，公园的基础设施并不好，土路经常被降水冲垮，公园也只在干旱的冬季开放。

占地 1614 平方公里的摇篮山 – 圣克莱尔湖国家公园（Cradle Mountain-Lake St Clair National Park）以形状奇特的山峦、茂密的森林、风中的荒野和冰川湖泊而闻名，距离塔斯马尼亚州第二大城市朗塞斯顿约 140 公里。

澳大利亚最深的湖泊圣克莱尔湖（深 183 米）就像一颗蓝宝石镶嵌在郁郁葱葱的绿色世界中，可供垂钓和划船，是全澳知名的鳟鱼钓点。摇篮山和圣克莱尔湖分列国家公园的北部和南部，由长达 65 公里的圣徒步道（Overland Track）相连，走完全程需要 6 天左右的时间，每年都会吸引成百上千的徒步旅行者前来。

最大的国家公园 | 最大的单体巨石

面积达 19804 平方公里的卡卡杜国家公园（Kakadu National Park）是澳大利亚最大的国家公园，位于达尔文以东 220 公里。

公园内的生态环境完整优美，可以看到澳大利亚特有的大叶樱、柠檬桉、南洋杉等树木，还有大片的棕榈林和松树林。澳大利亚三分之一的鸟类都在此聚居繁息，品种多达 280 种以上，傍晚飞鸟归巢时，丛林中和水塘边的澳洲野狗、野牛、鳄鱼便会出来觅食。

保存完好的岩石壁画是两万年前的土著居民用猎物的鲜血或不同颜色的矿物质刻画涂抹而成的，多达 5000 幅，或关于野兽飞禽，或与原始图腾信仰、宗教礼仪有关。

卡卡杜国家公园在不同的季节中会呈现出不一样的风景特色，当地人把这里分为 6 大季节，其中 5—8 月晴朗舒适，是公园的旅游旺季，其余季节要么风号浪吼、电闪雷鸣，要么炎热干燥，骄阳似火，均不宜出行。

孤零零位于澳洲大陆中部的乌鲁鲁 – 卡塔丘塔国家公园（Uluru-Kata Tjuta National Park）距离最近的城市爱丽斯泉也有 460 公里的车程，但凭借着世界上最大的整块单体巨石乌鲁鲁（Uluru），这里成了澳大利亚最知名的自然地标。

乌鲁鲁又叫艾尔斯岩（Ayers Rock），有"澳大利亚红色心脏"之称，岩石基围周长约 9 公里，距地面高度 335 米，长约 3000 米，宽达 2000 米，陡峭得接近垂直的岩壁以及硕大无比的体积让周围的一切都显得非常渺小，而更惊人的是，从地面看到的乌鲁鲁还只是冰山一角，它更大的部分隐藏在地表之下，大概有 6 公里那么深。

岩石主要由纹理粗糙的长石砂岩所组成，距今已有 6 亿年历史，它有个非常著名的特色，即表面的颜色会随时间改变：黎明和日落时岩石表面会变成艳红色；虽然降雨在这片半干旱地区极为罕见，但在雨季岩石表面会变成银灰色；随着太阳的变化，岩石有时还会出现深蓝、灰、粉、棕等颜色。由于乌鲁鲁巨岩已经在红土中心的沙漠地带经历了上亿年的风风雨雨，因此常被人们看作是象征爱情天荒地老的圣物。

Tips：澳大利亚的世界文化遗产

目前，澳大利亚总共有 19 处被联合国教科文组织（UNESCO）认定的世界遗产，包括地球上最古老的雨林以及总面积达到全世界 1/3 的海洋生态保护区。澳大利亚的世界遗产总数在全球国家中排名第 14 位。世界遗产包括自然遗产、文化遗产、自然文化双重遗产。在这 19 项世界遗产中，有 4 项是文化与自然双重遗产，澳大利亚也因此成为与我们中国并列的文化与自然双重遗产数量最多的国家。

澳大利亚世界遗产一览

	名称	所在地区	入选时间	类型
1	大堡礁 Great Barrier Reef	昆士兰州	1981 年	自然
2	卡卡杜国家公园 Kakadu National Park	北领地	1981 年、1987 年、1992 年扩展范围	双重
3	威兰德拉湖 Willandra Lakes Region	新南威尔士州	1981 年	双重
4	豪勋爵群岛 Lord Howe Island Group	新南威尔士州	1982 年	自然
5	塔斯马尼亚荒原 Tasmanian Wilderness	塔斯马尼亚州	1982 年，1992 年扩展范围，2010 年范围略做修改	双重

	名称	所在地区	入选时间	类型
6	澳大利亚冈瓦纳雨林 Gondwana Rainforests of Australia	新南威尔士州 昆士兰州	1986 年， 1994 年扩展范围， 2007 年扩展范围后更名为现名称	自然
7	乌鲁鲁－卡塔丘塔国家公园 Uluru-Kata Tjuta National Park	北领地	1987 年， 1994 年扩展范围	双重
8	昆士兰湿热带地区 Wet Tropics of Queensland	昆士兰州	1988 年	自然
9	西澳鲨鱼湾 Shark Bay, Western Australia	西澳大利亚州	1991 年	自然
10	弗雷泽岛 Fraser Island	昆士兰州	1992 年	自然
11	澳大利亚哺乳动物化石遗址 （里弗斯利 / 纳拉库特） Australian Fossil Mammal Sites （ Riversleigh/ Naracoorte ）	昆士兰州 南澳大利亚州	1994 年	自然
12	赫德岛和麦克唐纳群岛 Heard and McDonald Islands	海外领地（塔斯马尼亚和南极中间）	1997 年	自然
13	麦夸里岛 Macquarie Island	塔斯马尼亚州	1997 年	自然
14	大蓝山山脉地区 Greater Blue Mountains Area	新南威尔士州	2000 年	自然
15	波奴鲁鲁国家公园 Purnululu National Park	西澳大利亚州	2003 年	自然
16	皇家展览馆和卡尔顿园林 Royal Exhibition Building and Carlton Gardens	维多利亚州	2004 年	文化
17	悉尼歌剧院 Sydney Opera House	新南威尔士州	2007 年	文化
18	澳大利亚罪犯流放地遗址 Australian Convict Sites	新南威尔士州 塔斯马尼亚州 西澳大利亚州等	2010 年	文化
19	宁格罗海岸 Ningaloo Coast	西澳大利亚州	2011 年	自然

遗世独立的动植物 | 我们在澳大利亚

陆地动物篇┃袋鼠比人多

亲爱的修斯：

　　又到了和爸爸聊天的时刻啦。说过了那么多旅行的地方，咱们换换口味。你不是一直缠着爸爸说想了解澳洲的动物吗？No problem，今天咱们就来聊一聊澳大利亚这块神奇土地上的神奇动物。

　　来到澳大利亚这片遗世独立的超级"岛屿"上游玩，观赏动植物是一个必不可少的项目。数亿年的与世隔绝造就了澳大利亚独特的动植物种群，这里没有进化成熟的哺乳动物，但有100多种有袋类动物。如果要选出一种作为它们的"形象代言人"，毫无疑问，非袋鼠莫属。

　　提到澳大利亚的动物，多数人的第一反应会和你一样，修斯，都会首先想到可爱的袋鼠。确实，这种在澳洲所有地区都能看到的有袋类动物早已成为国家的象征，不仅出现在国徽和硬币上，大多数澳大利亚本地制造的商品也会配有绿色三角形的袋鼠图标。

　　但你知道么？在澳大利亚，总共有超过150种袋鼠，大的高达两米，体重有100多公斤，最小的仅和老鼠差不多。我们常说的袋鼠一般指的是著名的红袋鼠，雄性的皮毛呈现红色或红棕色，而雌性的皮毛则会呈现出蓝灰色。据说中国明代著名的航海家郑和（1371—1433）

在下西洋的过程中曾经到访过澳大利亚大陆，也曾看到过袋鼠，并把它们称为"赤兔"。

　　所有的袋鼠无论个头大小，都有一个共同特点：长着一双强健有力的后腿。它们一次跳跃最高 4 米，最远 13 米，前进时速可以达到 50 公里以上。据说现代运动员的"蹲踞式"起跑就是模仿袋鼠而来的：19 世纪时，有人观察到袋鼠平时跳跃前总是先向下屈身，把腹部贴近地面，然后靠强有力的后腿一蹬，便能以子弹般的速度奔跑出去，于是开始学习。这一有效的方法迅速传遍了全球，运动员因而改变了起跑姿势。

　　粗大有力、长满肌肉的尾巴是袋鼠的另一个特点，既能在休息时作为"第三条腿"起到支撑作用，又能在跑动中作为平衡工具帮助它们跳得更快更远。

　　身为有袋类动物的典型代表，袋鼠其实是一种发育不完全的动物，幼儿属于早产胎儿，需要在育儿袋中继续发育，直到有能力在外部世界生存。母袋鼠的育儿袋中有四个乳头，两个能流出高脂肪奶水，另两个会流出低脂肪奶水。母袋鼠一般每胎产 3—4 只幼崽，小袋鼠出生时大约只有 1 粒花生米那么大，它们出生后即要入袋食用低脂肪乳水，这也意味着每胎袋鼠幼崽只能存活 2 个。但袋鼠的繁殖能力极强，母袋鼠通常长有两个子宫，一边子宫里的小仔刚刚出生，另一边子宫里又会怀上新的胚胎。

　　在澳大利亚，袋鼠比人多是大家都知道的常识，这片仅有 2500 万人口的土地上却生活着超过 6000 万只袋鼠。过多的数量和过快的繁殖速度也使得政府每年要射杀大约 1000 万只野生袋鼠，这些袋鼠的肉会被做成菜肴或特色的袋鼠肉干，皮和睾丸囊会被制成特色纪念品，所有袋鼠肉、袋鼠皮做成的产品每年可以为澳大利亚带来

袋鼠："谁在谈论我？"

超过2亿美元的可观收益。用袋鼠睾丸囊做成的幸运袋常被当作零钱包使用，只会被撑大，不会缩小，因此也被看作是财源滚滚的象征。

在澳大利亚自驾游玩，经常可以看到公路边出现注意袋鼠的标志。袋鼠的视力很差，时常会对行驶过来的车辆感到好奇而跳上前去"看个究竟"，从而引发事故。如果真的遇到这种情况，也不必太过惊慌，在澳大利亚，撞死袋鼠不需要负任何责任，但因此造成的车辆损坏则要自己付费修理。

我猜你会问，修斯，既然澳大利亚有这么多的袋鼠，那能不能把小袋鼠带回家当宠物呢？——答案是不行。因为澳洲的法律不允许任何没有考取澳洲野生动物保护协会执照的普通人饲养袋鼠，想要获得执照，则需要参加严格的课程培训和考试。

澳大利亚的路标

神奇宝贝丨考拉不喝水

对于小朋友们来说，澳大利亚还有一种和袋鼠一样吸引人的宝贝，那就是性情温顺、体态憨厚的考拉。全球范围内，只有在澳大利亚的昆士兰州、新南威尔士州和维多利亚州低海拔的桉树林中能够见到它们，因此十分奇特和珍贵。在中国，考拉也被称作"树袋熊"或"无尾熊"，虽然长相酷似小熊，但考拉并不是熊科动物，而是一种原始的树栖有袋类动物。和袋鼠一样，考拉（Koala）的名字也来自土著文字，意思是"不喝水"，因为考拉会从它们的主要食物——桉树叶中获得绝大部分所需的水分，如果不是因为气候干旱导致的树叶缺水或生病，它们几乎全天都会生活在树上，从不下地饮水。

成年考拉大概有70—80厘米高、8—15公斤重，全身浓密的灰褐色短毛又厚又软，胸部、腹部、四肢内侧和内耳的皮毛都呈现出灰白色。考拉的长相十分可爱，一对大耳朵，鼻子扁平，尾巴在漫长的进化过程中已经变成一个"座垫"，能让它们长时间舒适潇洒地坐在树上。考拉的四肢粗壮，锋利的爪子长而弯曲，非常适合攀树，而且一到了树上就连睡觉也不再下来，除了偶尔更换栖息的树木或去地面吞食帮助消化的砾石，它们一生的大部分时间都生活在桉树上。

考拉以"懒惰"著称，它们非常喜欢晒太阳，白天通常会将身子蜷成一团在桉树上睡大觉，只有到了晚间才会沿着树枝爬上爬下，寻找桉叶充饥。如果来到澳大利亚的动物园，修斯，你会看到考拉们总是赖在树上打着瞌睡，一副懒洋洋的样子。天气炎热时，它们会摊开四肢并微微摇摆，以保持凉爽；而天气变冷时，它们则会将身体缩成一团以保持体温。其实考拉的懒惰是由它们的生活环境决定的，晚上活动比在气温较高的白天更能节省水分与能量，有利于它们的生存。桉树枝叶是考拉唯一的食物，而桉树叶中含有有毒物质，类似于镇静剂，虽然考拉能凭借奇特的肝脏来分解并消化这些毒素，但这也让它们一天之中需要睡上 18—20 个小时。为了消化树叶中的毒素，考拉的消化道有 170 毫米长，占到了整个消化系统的 20% 以上。不过，也正因为树叶有毒，所以并没有其他动物来和考拉争夺食物。

在为数不多的清醒时刻，甚至在打瞌睡的时候，考拉都不会停止它们最重要的工作——进食。桉树叶十分粗糙，纤维坚硬，营养极少，因此，考拉每天都必须要食用 400 克左右的树叶并咀嚼上百万次才能摄取到足够的营养。因为不停咀嚼，年老的考拉会因为牙齿的磨损导致无法进食而饿死，而刚出生的小考拉因为无法咀嚼桉树叶，则会吞食母亲的粪便来获取营养，直到牙齿长出来为止。

考拉的嗅觉特别发达，能够轻易分辨出不同种类的桉树叶，发觉哪些树叶可以采食，哪些毒性太强而不能食用；考拉会发出多种声音进行联系和沟通，雄性考拉主要通过吼叫来表明统治与支配地位，从而尽量避免消耗能量的打斗。"懒惰"的性情也让考拉行动迟缓，性情温顺，从不对其他动物构成威胁。有趣的是，考拉的反射弧特别长，反应极慢，如果用手捏它一下，经过很长的时间它才会惊叫出声。

路上的考拉

鸭嘴兽和针鼹丨会生蛋的哺乳动物

　　虽然不像袋鼠或考拉那么鼎鼎大名，但充满了神秘感的鸭嘴兽也是货真价实的澳大利亚国宝。作为世界上独有的两种卵生哺乳动物之一，鸭嘴兽在动物界中是一种非常特殊与重要的存在，仅生存在澳大利亚东部地区和塔斯马尼亚州。这种2500万年前就已出现的动物是最原始、最低等的哺乳动物，历经亿万年既未灭绝，也没有多少进化，始终徘徊在未进化完全的过渡阶段，它们会先产卵，把幼崽孵化出来后再以母乳喂养。可以说，世界上没有任何其他一种动物像鸭嘴兽那样引起过众多的学术争议，当它的标本第一次从澳大利亚被送到欧洲的博物馆时，奇怪的外观甚至让当时欧洲的生物学家认为它是人为搞出来的恶作剧。

　　鸭嘴兽的外形既像爬行动物，又像哺乳动物，还有点像鸟类，是一个真正的"四不像"。它们全身裹着柔软褐色的浓密短毛，好像一层上好的防水衣；宽扁的嘴巴如同鸭子，质地柔软，上面布满神经，能像雷达扫描器一般接收其他动物发出的电波，是除了海豚之外唯一有电磁感应的哺乳动物，它们也正是仗着这一本领在水中寻找食物和辨明方向；鸭嘴兽的四肢很短，五趾间有薄膜似的蹼，酷似鸭足；尾巴大而扁平，占体长的四分之一，在水里游泳时起着舵的作用。

　　除了哺乳期外，鸭嘴兽都独居生活，它们栖息于河流中，并会在河岸上挖洞居住，昼伏夜出，通常在清晨和黄昏时在水边猎食甲壳类或蚯蚓等动物。由于标本和皮毛的珍贵，鸭嘴兽曾因过去的捕猎而一度濒临灭绝。现在，澳大利亚已经制定了严格的法规保护它们。

刚才爸爸说到鸭嘴兽是世界上独有的两种卵生哺乳动物之一,那么另一种呢?恰巧也广泛生活在澳大利亚以及印度尼西亚、巴布亚新几内亚等国家——这就是针鼹。

针鼹在澳大利亚各地分布很广,从半沙漠地区到热带雨林地区都有它们的踪迹。它们一般生活在洞穴里、树下或是岩石中,下午和傍晚外出活动,常把坚硬、尖长的嘴插入蚁穴,伸出细长且长满倒钩的舌头在蚁穴内舔食蚂蚁和白蚁。

针鼹全身为硬刺或毛发所覆盖,在外表上和刺猬有点相似。它们是极为出色的"工兵",受到惊扰时,能够快速挖掘坚硬的土地,用不了十分钟就能钻入土里藏起身子,但只会把身体的下部藏起来,因为上部会有硬刺的保护,暴露在外的一身硬刺让敌人对它们无可奈何。

像刺猬一样,针鼹很难使针刺间的毛保持清洁,毛里一般都有寄生虫,因此它们的后脚上也进化出了很长的弯爪,以便不断梳毛搔痒。

针鼹的眼睛很小,视力欠佳,但能敏锐地察觉土壤中轻微的震动。虽然主要以蚂蚁和昆虫为食物,但如果遇到机会,它们也不介意改变一下自己的食谱,不过只能是那些能够通过嘴上小孔的食物。针鼹的嘴巴坚实、呈长管状,上下颌都不长牙齿,舌头长达 30 厘米以上,灵活且长有倒钩,可以伸出嘴外很远。虽然食物仅限于那些能够用舌头捉到的东西,但针鼹还是在几千万年的岁月中顽强生存了下来,而且并没有进化多少。

不同于自己的近亲鸭嘴兽,针鼹能够不吃不喝达一个月之久。在它们栖息的维多利亚州和塔斯马尼亚岛上,冬季比较寒冷,因此它们也养成了冬眠的习惯,冬眠时的体温可降到接近外界环境的温度。

两种"猛兽"┃澳洲野犬和"塔斯马尼亚恶魔"

在遥远而独立的澳大利亚大陆上，并没有像老虎或狮子那样的大型猛兽，澳洲野犬——Dingo 可以算作是这片土地上最凶猛的野兽了。

澳洲野犬生活在澳洲各处，居住在草地、沙漠、森林甚至湿地里，是从亚洲狼演化而成的一种动物，有着直立的耳朵、浓密多毛的尾巴以及凶猛的性情，除了捕食老鼠、兔子等小型哺乳动物和鸟类之外，还会经常合作捕猎袋鼠、绵羊、牛犊或巨蜥等大型猎物。

雄性的澳洲野犬明显高大于雌性，有 20 公斤重，体长超过 1 米，粗大的尾巴长 30 多厘米。它们的动作非常敏捷，运动、速度和耐力都很优秀。澳洲野犬的皮色丰富，包括姜色、金色、红色、褐色、乳白色，甚至还发现过纯黑和纯白色的个体。与亚洲的野犬相比，澳洲野犬的块头更大，浓密的尾巴也更近似狼，而且拥有更大更锋利的牙齿。

澳洲野犬的天敌主要是人和鳄鱼，因此在人烟稀少的荒漠地区，它们就是食物链上的顶级肉食动物，也是在欧洲人到达澳大利亚之前的数千年间这片土地上的主宰者。

在偏僻的塔斯马尼亚岛上，还生存着一种世上现存最大的食肉有袋动物——袋獾，因为臭脾气，它有着一个更响亮的名字——塔斯马尼亚恶魔（Tasmania Devil）。

让这种动物变得广为人知的是华纳兄弟在动画片《乐一通》（*Looney Tunes*）里面以"塔斯马尼亚恶魔"为原型创造出的角色 Taz，它长着长长的牙齿、巨大的头部

和短短的脚，见什么吃什么，脾气暴躁，经常咆哮。

袋獾在塔斯马尼亚随处可见，它们昼伏夜出，喜爱单独行动，会游泳，小袋獾还能爬树，但成年后会丧失这种本领。

袋獾是袋獾属中唯一未灭绝的成员，身形与一只小狗差不多，但肌肉发达，矮胖又壮硕，周身皮毛黑色，胸部和臀部往往带有小块的白色。用来贮存脂肪的尾部是判断袋獾是否健康的一个指标，瘦削的尾部常常代表它们的健康状况欠佳。

与其他有袋类动物不同，袋獾前腿长后腿短，虽然奔跑的最高时速可以达到13公里，但还是在追捕猎物时显得力不从心，所以常以腐肉为食。袋獾的听觉和嗅觉都十分灵敏，但基本上只有黑白视力，而且只能看到移动的物体，难以观察到静止的物体，因此它们的脸上和头顶都长有触须，以便在黑暗中寻找猎物或侦测同类的存在。在被激怒时，袋獾还会放出刺鼻的臭气，程度与臭鼬相比也不落下风。

一项关于哺乳类动物噬咬能力的分析表明，相对于各自的体积而言，袋獾是噬力最强的现存哺乳类动物。头大嘴大、牙齿锋利、咬力强劲的袋獾每天平均会吃掉相当于体重15%的食物，情况允许的时候甚至会在半小时内吃掉相当于体重40%的食物。除了普通的肉和内脏，袋獾也会吃掉猎物的毛皮和骨头，而且在进食时会发出刺耳的声音。有时候，十几只袋獾在一起进食，叫声可以传到几公里以外，就像来自比它们大10倍的动物，"塔斯马尼亚魔鬼"的名字正由此而来。

作为仅产于塔斯马尼亚岛的特有动物，袋獾不仅成为塔州的国家公园和野生动物机构的标志，该岛的澳式足球代表队"塔斯马尼亚恶魔队"也以它们来命名。澳洲政府对袋獾的保护政策很严格，只允许在境内被饲养，限制出口。不过，在2005年，塔斯马尼亚政府也曾向丹麦哥本哈根的动物园送出过两头袋獾以庆祝丹麦王储弗雷德里克（Frederik）诞下长子，因为王储的妻子也就是丹麦王妃的故乡正是塔斯马尼亚。

两种鸟类"吃货"｜鸸鹋和鹦鹉

还记得吧，修斯？澳洲的国徽上除了袋鼠，还有另外一种动物——鸸鹋。

鸸鹋同样只分布在澳大利亚，是世界上最古老和最大的鸟类之一，仅次于非洲鸵鸟，因此也被称为"澳洲鸵鸟"。鸸鹋全身披着褐色的羽毛，身高有 1.5—1.8 米，体重能达到 90 斤，虽然还保留有一对已经退化的细小翅膀，但已经完全无法飞翔。但鸸鹋以擅长奔跑著称，时速可达 50 到 70 公里，并可连续飞奔上百公里，简直能抵得上一辆汽车。鸸鹋还是游泳健将，能够从容渡过宽阔湍急的河流，但一般而言，它们更愿意在水中嬉戏，顺便洗涤一下自己的羽毛。在澳洲的民间传说中，鸸鹋还有预知哪里会下雨的神秘能力，常常会不远千里地前往那个地方。

┃鸸鹋┃

鸸鹋喜爱生活在草原、森林和沙漠等人烟稀少的地方，以野草、树叶、野果、种子等植物以及昆虫、蜥蜴等小型动物为食。不同于一般需要结伴或者互相梳理羽毛的鸟类，鸸鹋基本上是独居动物，虽然有时也会成群活动，但只是在各自觅食的路上偶尔的相逢。奇特的是，雄性的鸸鹋通常会承担起孵卵的责任，在整个孵化期间，雄性鸸鹋在长达两个半月的时间里几乎不吃不喝，表现出极强的"父爱"，完全靠消耗自身体内的脂肪来维持生命，到小鸸鹋脱壳而出时，它们的体重也会降低许多。

鸸鹋是一种很友善的动物，若不是被激怒，它们从不啄人。在澳大利亚的野生动物保护区里，当有汽车在公路边停下时，鸸鹋经常会大摇大摆地踱步而来，争抢着把头伸进车窗表示对人的亲近，也希望能得到些好吃的东西。鸸鹋对食物并不讲究，游人喂的面包、香肠或饼干都能接受，为了帮助消化，它们甚至还会吞下路边的小石头。

鸸鹋可谓全身是宝，用它们体内存储的脂肪制成的鸸鹋油接近人体皮肤油脂，因此非常适合人体吸收，对于治疗肌肉疼痛和消炎都有一定的功效；鸸鹋皮是优质的皮革材料；富于蛋白质的鸸鹋肉味道近似牛肉，也是澳洲一道特有的风味；而壳壁很厚的鸸鹋蛋则常被用来当雕刻的材料。

等你来到澳大利亚，修斯，无论是在爸爸居住的新南威尔士州还是在北部的昆士兰州，都会看到成群的白色漂亮鹦鹉。在昆士兰州的一些酒店，还会特意提醒客人们不要把食物遗忘在阳台上，否则一定会被鹦鹉们一抢而光。

这种头顶着黄色冠羽的白色鹦鹉学名叫作"葵花凤头鹦鹉"，受到外界惊扰时头冠会呈扇状竖立起来，就像一朵盛开的葵花。它们的嘴粗厚强壮，上嘴向下钩曲，咬合力强大，两条腿又短又健壮，适于攀树。葵花凤头鹦鹉常常会数百只群居生活，觅食时分散为小群，叫声大而响亮，天性活泼聪明，寿命和人类差不多，能活到50—80岁。

而在澳大利亚的东部和北部，还常见一种更为美丽的彩虹鹦鹉，也叫作"虹彩吸蜜鹦鹉"。它们的体长只有25—30厘米，全身羽毛颜色斑斓，非常醒目。彩虹鹦鹉喜欢成群结队地快速飞行，主要以花蜜、花粉、植物种子、嫩叶和昆虫为食，它们十分聪敏机灵，不但能学会各种把戏，还拥有很强的语言能力。

海洋动物篇 |
"唯一的白色座头鲸"和"最萌的鲨鱼"

亲爱的修斯：

　　上次讲到澳大利亚形形色色的特有动物,是不是很有意思？当然，澳大利亚可不仅仅有奇特的陆地生物，在她名列世界第三、总计 1200 万平方公里的浩瀚领海中，还生活着各种各样神奇的海洋生物。

　　在澳大利亚超过 36000 公里的漫长海岸线上，一年中的大部分时间都可以观看到迁徙途中的各种鲸群，比如座头鲸、小须鲸以及濒危的南露脊鲸或罕见的蓝鲸，等等。鲸群常会在某个风平浪静的海湾附近停留上几个星期的时间，帮助初生的幼鲸补充体力，为返回南极水域的长途跋涉做好准备。

　　在下表罗列的这些观鲸圣地能看到鲸鱼成群结伴地流连、嬉戏、交往、产子、孵育幼仔，有时还会向人们友好地表演喷水、后空翻、跳跃、倒立摆尾等招牌动作。西澳大利亚州有着世界上最长的观鲸季，从 5 月直到 12 月才会结束。

州名	观鲸胜地
新南威尔士	杰维斯湾（Jervis Bay）、拜伦湾（Byron Bay）
维多利亚	罗根斯海滩（Logans Beach）、夫人湾（Lady Bay）
昆士兰	荷维湾（Hervey Bay）、黄金海岸（Gold Coast）、圣灵群岛（Whitsundays）、道格拉斯港（Port Douglas）
南澳大利亚	菲尔半岛（Fleurieu Peninsula）、英康特湾（Encounter Bay）
西澳大利亚	珊瑚湾（Coral Bay）、埃克斯茅斯（Exmouth）、卡姆登湾（Camden Sound）、彭德湾（Pender Bay）
塔斯马尼亚	大牡蛎湾（Great Oyster Bay）、探险湾（Adventure Bay）

1991 年，在澳大利亚的海域中曾首次发现了世界上唯一的白色座头鲸，人们用土著语中的"白色"把他命名为米伽罗（Migaloo）。直到 2009 年，米伽罗才再次在昆士兰州黄金海岸附近的海域出现，现在已经有 20 多岁。座头鲸是被列入《濒危野生动植物种国际贸易公约》（*Convention on International Trade in Endangered Species of Wild Fauna and Flora*）中的鲸鱼品种，纯白色的座头鲸更是罕见，因此澳大利亚政府颁布命令：任何人不得以快艇、直升机、飞机等形式靠近米伽罗，否则将会被处以最高 12000 澳元的巨额罚款。米伽罗的上一次现身是在 2013 年 10 月份，摄影师珍妮·迪安（Jenny Dean）在昆士兰北部的埃蒂海湾（Etty Bay）为他留下了美丽的照片，希望等你来澳大利亚的时候，也有运气能够看到他白色的身影，修斯。

在澳大利亚广阔温暖的海域里，生活着很多种类的鲨鱼，如大白鲨、大青鲨、鼬鲨、澳大利亚虎鲨和发现时间并不很长、却是世界上最古老的鲨鱼——生活于珊瑚海中的六鳃鲨，这种凶猛的鲨鱼从侏罗纪时代到现在一直没有发生过改变。

一提到鲨鱼，人们首先就会想到"血腥""残忍"等字眼，但其实除了那些极具攻击性的鲨鱼，也有些性情相当温驯的鲨鱼品类，比如号称"世界上最萌的鲨鱼"——澳大利亚虎鲨，就从没有过攻击人类的记录。

澳大利亚虎鲨又叫"杰克逊港鲨鱼"，因为经常出现在悉尼的杰克逊港，也就是悉尼港而得名。它们的体型比大白鲨要小得多，身上有深褐色的斑纹，长有一个很大的头，憨态可掬，因此也被称作是"会微笑的鲨鱼"。澳大利亚虎鲨有五个鳃，一个进水、四个出水，一般鲨鱼需要张口把吸进去的水挤压出来，而澳大利亚虎鲨却可以一边移动一边呼吸，不用张嘴，也就是说它们可以潜伏在海底等待鱼儿上钩，和那些要去主动追捕猎物的鲨鱼有很大区别。也许正是因为这一点，它们的性情才会显得特别温顺，对人类也没有威胁。

澳大利亚虎鲨不会捕食大型的海洋生物，它们奇特的牙齿可以用来锉开贝壳，因此主要食物是贝类、鲍鱼或像乌贼一样的软体动物。澳大利亚虎鲨需要很长的时间来消化食物，它们可以将 J 形的胃部反转，并将不需要的物质吐出。这是一种会迁徙的鲨鱼，夏天迁往南部，冬天则回归北部产卵。

2016 年，数名澳大利亚渔民在新南威尔士州的麦考瑞湖捕获了一头重达 625.5 公斤的澳大利亚虎鲨，这是目前已知最大的虎鲨。渔民们把与这只虎鲨的合影传至网上，随即引起了轩然大波，受到了网友强烈的谴责。

Tips：澳大利亚的七种剧毒生物

在环境得天独厚的澳大利亚大陆上，没有任何大型的猛兽，所以动物们得以大量繁殖，袋鼠、野兔的数量都比人要多得多。也许是出于生态平衡的需要，气候特殊的澳大利亚有着大批的有毒动物，不论是在陆地上还是在海里。澳大利亚是世界上唯一毒蛇种类比无毒蛇还多的地方，海洋里也生活着大量形态各异的剧毒动物，几年前，《美国国家地理》（*National Geographic*）就根据毒性、出没地、攻击性等方面评出了澳大利亚最危险的七大有毒动物。

NO.1 悉尼漏斗网蜘蛛

臭名昭著的悉尼漏斗网蜘蛛最可怕的地方是它们经常会出现在老旧的房子周边或房间内，而且攻击性很强，人被攻击后几分钟内就会全身麻痹、死亡。新南威尔士州每年都有被这种蜘蛛攻击身亡的案例，因此政府也会大力宣传防范方法：碰到这种蜘蛛，一定不能自己动手去抓，而要马上报警，由专业人员来捕捉。在澳大利亚移民的入籍考试题目中，都有关于碰到悉尼漏斗网蜘蛛应该如何处理的题目。

NO.2 东部拟眼镜蛇

东部拟眼镜蛇也是常出没于新南威尔士州的一种有毒动物，毒性排在澳洲毒蛇中的第二位，而排名第一位的西部太攀蛇由于主要生活在西部荒漠地区，反而没有入选榜单。东部拟眼镜蛇的一滴毒液可以毒死二十多个人，而且这种蛇的攻击性极强，人被咬中后几分钟内得不到救治就会死亡。

NO.3 箱形水母

澳洲箱形水母可能是澳大利亚最著名的水母了，这种立方体造型的水母大小不一，毒性最强的只有几厘米见方，却有很长的触角，而且有很强的再生能力，即使被剪断，几天后也可以再长出来。箱形水母经常会出没在维多利亚州的一些港口附近，每年都会造成人员伤亡。

在澳大利亚的各个海滩，还经常能看到闪着幽幽蓝光的漂亮水母，这就是"蓝瓶水母"，学名叫作"太平洋僧帽水母"。每年都会有超过 1 万名澳大利亚人被这种水母刺伤，最高纪录是一年中超过 3 万人次中招。不过被蓝瓶水母蜇并不用太过紧张，澳大利亚的每个海滩都设有救生处，只需简单药物处理或冰敷即可缓解疼痛。

蓝瓶水母

NO.4 蓝环章鱼

美丽的蓝环章鱼尽管体型相当小，却是目前已知的毒性最强的动物之一。一只蓝环章鱼所携带的毒素足以在数分钟内杀死 26 名成年人，而且目前还没有有效的抗毒素来预防它。蓝环章鱼广泛分布在日本到澳大利亚的太平洋里，个性害羞，喜爱躲藏在石下，晚上才出来活动和觅食。如果遇到危险，它会发出耀眼的蓝光，向对方发出警告。不过，蓝环章鱼并不会主动攻击人类，除非受到很大的威胁。

NO.5 澳大利亚海蛇

澳大利亚海蛇一般生活在昆士兰州的海域里，种类很多，普遍长有鸟嘴状的嘴巴，下颚间有个凹口。最可怕的海蛇生活在靠近海岸的河口或潟湖，常常纠缠在渔网里给渔民造成致命的咬伤，它们的毒液毒性非常强，与眼镜蛇相比有过之而无不及。

NO.6 石头鱼

生活在澳大利亚海域中的石头鱼是毒性很强的一种鱼，它的"致命一刺"被描述为人类能感受到的最疼的刺痛。石头鱼貌不惊人，身长只有 30 厘米左右，喜欢躲在海底或岩礁下，将自己伪装成一块不起眼的石头，很难被发现。但如果没留意踩到了它，它就会毫不客气地给予反击——脊背上像针一样锐利的背刺会轻而易举地穿透鞋底刺入脚掌，并发射出致命的剧毒，使人很快中毒并一直处于剧烈的疼痛中。

NO.7 鸭嘴兽

鸭嘴兽是世界上目前发现的唯一一种有毒的哺乳动物，但只有雄性鸭嘴兽的膝盖背面才会长有内存毒汁的空心刺。鸭嘴兽分泌毒物主要是为了显示它们在交配季节中的主导地位，遇到威胁时也会喷射毒液来保护自己。鸭嘴兽的毒性几乎与蛇毒相近，人若被刺伤会引起剧痛，一般需要几个月才能恢复。

语言课时间 II ┃ 这些动物叫什么

不管是去往动物园还是国家公园，都会看到大量介绍动物或植物名字的标牌，记住几个特色的名称，不仅能节省找路的时间，和当地人聊天时，也会让对方觉得你很了解他们的文化。

中文名称	英文名称	国际音标	你知道吗？
袋鼠	Kangaroo	[ˌkæŋgəˈruː]	澳洲的袋鼠种类繁多，除了我们熟知的kangaroo，还有小袋鼠（wallaby）、树袋鼠（tree-kangaroo）、短尾灰沙袋鼠（quokka）与小沙袋鼠（pademelon），等等。整个袋鼠科动物的叫法是macropodidae或macropods，macropods在英语里有"大脚"的意思，很符合袋鼠的体型特征。在一切词语都愿意简化的澳大利亚，袋鼠也常被叫作"roo"，还处于妈妈袋中的袋鼠宝宝则被称为"joey"
考拉	Koala	[kəʊˈɑːlə]	拉丁文学名：Phascolarctos cinereus
鸭嘴兽	Platypus	[ˈplætɪpəs]	拉丁文学名：Ornithorhynchus anatinus
针鼹	Echidna	[eˈkɪdnə]	针鼹有时也被叫作Spiny anteaters，即"多刺的食蚁兽"
澳洲野犬	Dingo	[ˈdɪŋgəʊ]	拉丁文学名：Canis Lupus Dingo
塔斯马尼亚恶魔	Tasmanian Devil	[tæzˈmeɪnɪən ˈdevəl]	拉丁文学名：Sarcophilus harrisii，意思是"夏里斯的嗜肉者（Harris meat-lover）"，夏里斯是指1807年首次定义这个物种的博物学家
鸸鹋	Emu	[ˈiːmjuː]	拉丁文学名：Dromaius novaehollandiae
葵花凤头鹦鹉	Sulphur-crested cockatoo	[ˈsʌlfərˈkrestɪd ˌkɒkəˈtuː]	拉丁文学名：Cacatua galerita
虹彩吸蜜鹦鹉	Rainbow lorikeet	[ˈreɪnbəu ˈlɒrɪkiːt]	拉丁文学名：Trichoglossus moluccanus

关于澳大利亚的动植物

1. 在澳大利亚，袋鼠比人多是常识。

2. 考拉又叫"树袋熊"或"无尾熊"，但其实是一种原始的树栖有袋类动物。

3. 鸭嘴兽是世界上独有的两种卵生哺乳动物之一。

4. 澳洲野犬的天敌主要是人和鳄鱼。

5. 十几只袋獾在一起进食，声音可以传到几公里以外，"塔斯马尼亚恶魔"的名字正由此而来。

6. "葵花凤头鹦鹉"受到外界惊扰时头冠会呈扇状竖立起来，就像一朵盛开的葵花。

7. 1991 年，在澳大利亚的海域中曾首次发现世界上唯一的白色座头鲸，直到 2009 年，他才再次在昆士兰州黄金海岸附近的海域出现。

8. 东部拟眼镜蛇常出没于新南威尔士州，一滴毒液可以毒死二十多个人。

9. 箱形水母经常出没在维多利亚州的一些港口附近，每年都会造成人员伤亡。

10. 在春季花期，大街小巷都会被蓝花楹装点成蓝紫色，走在其间，仿佛置身于童话世界。

11. 由于经常可以看到黑天鹅，珀斯也被称为"黑天鹅城"。

12. 海豹湾保育公园里的海狮们一点也不怕人，还会非常配合地摆好pose 任人拍照。

13. 从六月到九月，整个西澳大利亚州有 12000 多种野花盛开。

14. 笑翠鸟因叫声如人笑而得名，据说他们对爱情极其忠诚，一生只爱一鸟。

特色植物篇 ┃ 蓝花盈城，恍然如梦

　　还记得么，修斯？爸爸给你讲过当年库克船长第一次登陆澳大利亚的土地时，因为船队中的植物学家看到这里长着许多与欧洲大陆完全不同的植物，所以把登陆地点取名叫作"植物湾"。实际上，在整个澳大利亚大陆上，超过六分之五的动植物都不同于其他大陆，如果当初库克船长的植物学家们知道这个情况，也许会把这里叫作"植物大陆"吧。

　　大约有 27700 种植物安静地生长在澳大利亚的土地上，其中不乏像苏铁类棕榈树和草树这样的植物界活化石，皇后花、斯特尔特沙漠豌豆、山龙眼和袋鼠爪等灿烂又奇特的野花以及众多连植物学家都叫不上名字的奇花异草和珍稀树种。

　　澳大利亚的雨林横跨了整个国家，覆盖各种气候类型。昆士兰州北部的丹翠雨林是地球上最古老的热带雨林，历史可以追溯到 1.35 亿年以前；昆士兰州和新南威尔士州交界的冈瓦纳雨林（Gondwana Rainforests）是世界上面积最大的亚热带雨林；西澳大利亚州的金伯利地区有多处干性雨林；大陆中部的卡卡杜国家公园有季风雨林；世界遗产塔斯马尼亚旷野（Tasmanian Wilderness）的温带雨林里则生长着地球上最古老的一些树种，比如罕见的泪柏。

　　雄伟的瓦勒迈松是两亿年前的远古树种，人们一直认为该树种已灭绝了数百万年，直到 1994 年被一位丛林徒步旅行者重新发现，目前只有不到 100 棵瓦勒迈松生长在新南威尔士州大蓝山地区幽深的峡谷中；而在东南部维多利亚州的奥特维山脉中，又能看到长满蕨类植物的溪谷；在西南部的巨人谷（Valley of the Giants）里则生长着全澳大利亚最高的树木，比如树龄高达 500 年的巨大桉树。

蓝山国家公园里的蕨类植物

蓝花楹

修斯，如果你选择在 11 月，也就是南半球的春季来到悉尼，就会看到这座城市比平时更加迷人的风貌：满城都会被一种蓝紫色的花朵点缀，风一吹过，紫色花瓣飘落街边，感觉特别浪漫。

这种蓝紫色的花朵中文名叫"蓝花楹"，又叫"蓝楹花"、"紫楹"或"蓝雾树"，原产巴西，适合在南半球生长，从南美洲的巴西、阿根廷、澳洲的东海岸直到南非的约翰内斯堡（Johannesburg）都能看到。

在平时，灰褐色的蓝花楹树显得平淡无奇，但到了春季花期的那短短三四周的时间里，繁花盛开的蓝花楹树则会成为全城最亮眼的一道风景，城中的大街小巷都会被装点成一片蓝紫色，走在其间，好像置身于童话世界之中。

在澳大利亚的东海岸，从昆士兰州到维多利亚州都会看到蓝花楹盛开的景象，位于新南威尔士北部的小城格拉夫顿（Grafton）是公认的"澳大利亚蓝花楹之都"。小城每年都会举办专门的蓝花楹节，从 1935 年至今已经举办了八十多届。节日期间，格拉夫顿会举行各种庆祝活动，最后以评选出身穿紫色衣服、头戴紫色花冠的蓝花楹皇后作为高潮。

澳大利亚人如此喜欢这种花朵，以至于还有一首关于蓝花楹的圣诞歌曲到处传唱——"when the bloom of the Jacaranda tree is here, Christmas time is near（当蓝花楹盛开的时候，圣诞节就要到了）……"

世界上最高的树木丨我的名字叫作桉

在全世界发现的 700 多种桉树中，绝大多数都生长在澳大利亚大陆。这种世界上最高的树木一般会生长到 100—110 米，有的甚至还能达到惊人的 152 米，相当于三四十层楼那么高。

高大笔直的桉树四季常青、耐旱抗热，生长异常迅速，而且生命力极强。干旱的气候环境造就了澳大利亚的贫瘠土地，但桉树却能够在这种艰苦的自然环境中茁壮成长。

为了生存，桉树在长期的进化过程中形成了许多独特的生长特点：为了避开灼热的阳光，减少水分蒸发，桉树的叶子都是下垂并侧面向阳；为了对付频繁的森林火灾，桉树的营养输送管道都深藏在木质层的深处，种子也包在厚厚的木质外壳里，一场大火过后，只要树干的木心没有被烧干，雨季一到，又会焕发勃勃生机。桉树的种子不仅不怕火，还会借助大火把它的木质外壳烤裂，便于生根发芽。有人说：桉树就像植物界中的凤凰，不仅能够浴火重生，而且还会长得更高更好。

早在土著时代，桉树就已成为人们生活中必不可少的植物。有一种桉树的树干内部是空的，里面充盈了可以饮用的水，在缺水的地方，土著人会用木棒敲击树干来判断里面有没有水；以桉树花为食的蜜蜂产蜜量特别高，土著人也得以享用到高质量的蜂蜜；他们还会用桉树干做成原始的乐器来抒发情感。到了现代，浑身是宝的桉树又有了越来越广的用途：桉树的树皮根据品种或宿存或脱落，脱落下来的树皮就变成了制纸的好材料；桉树的树干坚韧耐用，可作为铁路枕木、桥梁、矿柱、建筑、家具等原料使用；桉树的树叶含芳香油物质，有杀菌驱蚊的作用，可提制精油，在香料、医药工业上有广泛用途。

你知道么，修斯，如果没有桉树这样的"土地卫士"，澳大利亚的红色土壤会被风雨侵蚀得更加贫瘠；那里生存着的众多昆虫、爬行动物、鸟类和有袋类动物也将因为没有藏身之处和食物而灭绝，那你也就看不到只吃桉树叶的可爱考拉了。

桉树叶是考拉唯一的食物来源，在它们生活的澳大利亚东部地区，有 30—50 种桉树的叶子会被它们采食，其中细叶桉和脂桉可以算作是主食，大叶桉、小果灰桉和灰桉则是次要食物，这几种树叶占到了考拉所食用的树叶中的 80% 以上；树胶桉、斑桉和白桉是更次一级的食物，而山蓝桉和赤桉只能算作是考拉的点心，偶尔才会尝一尝。

虽然桉树有诸多的好处，但也有它霸道而具有破坏力的一面：由于会大量吸收水分和快速吸收养分，桉树生长的地区通常土地养分贫瘠、水源枯竭，这也导致其他植物无法在此生长；而桉树叶杀菌驱蚊的功能还会导致以蚊子为食的昆虫和以昆虫为食的鸟类变得稀少；桉树叶会挥发出大量的桉树油，这种树油的燃点很低，只在 40℃ 上下，因此常会在阳光强烈的夏季引起大面积的山火，很难被扑灭。在澳大利亚很多桉树林茂密的城市，如爸爸所在的悉尼，每年都会人工点燃桉树林以减少树木的密度，从而避免更大规模的山火，在那几天里，以空气质量好著称的悉尼也会出现大面积的雾霾。

桉树林

澳洲日常 | 生活如此多娇

多元文化主义丨和平共处的秘诀

亲爱的修斯：

　　我们已经聊过了澳大利亚这个国家的许多方面，有哪些好玩的地方，有哪些特色的动物和植物，我相信，你一定已经对这个国家产生了特别浓厚的兴趣。

　　在这里生活了这么久，爸爸现在最大的心愿就是希望你和妈妈一起，在不久以后也能来到这片土地上生活一段时间，在那之前，我们先来看看这个国家的人们都是怎样生活的吧。

　　尽管世界上有很多国家都是靠移民的方式来改善人口结构或者获得发展，但很少有哪里像澳大利亚一样拥有如此完善的多民族和平共处的多元文化。

　　从 20 世纪中期以来，大约有来自世界上 200 多个国家和地区的 600 多万名移民选择在澳洲大陆定居，他们拥有大约 300 种不同的文化背景，说着超过 300 种不同的语言，给这个一直以英国文化为根基的国家带来了全新的变化，也使得澳大利亚逐渐演变成了一个多民族国家。据统计，在澳大利亚的全部人口中，大约有四分之一出生在海外，更有将近半数人的父母至少有一方在海外出生。这片土地上每过四分钟多一点儿就会迎来一名新的移民，英国、新西兰、印度、越南和我们中国是移民澳大利亚人口最多的几个国家。

　　澳大利亚的多元文化给整个国家注入了无穷的生机与活力：时尚的思想创意、品类繁多的菜肴和丰富多彩的生活方式已经成为澳大利亚的醒目标签，难得的是，在大量引入移民的同时，澳大利亚也始终保持着社会的和谐稳定，从未发生过重大的与种族相关的暴力行为。

澳大利亚政府也鼓励不同种族或民族的居民在家里或公共场合像使用英语一样地使用他们的母语、保留自己的文化，甚至还会提供各种援助和津贴去奖励发展多元文化的人士、团体和组织。早在 20 世纪 80 年代，澳大利亚就建立了当时世界上唯一的多语种电视台 SBS TV，向所有的澳大利亚人播送从六百多个国家和地区选出的六十多种不同语言的电视节目，同时也向移民们教授英语。澳洲政府还鼓励并资助移民和少数民族建立自己的广播电视和电台，让他们播出自己语言的节目。各级政府机构和移民局还会提供 24 小时全天候的翻译服务，尽量减少非英语背景移民的种种不便。正是因为澳大利亚在多元文化主义下的这些努力，生活在这里的各个民族才能够互相了解，彼此宽容互让，共同把这片土地打造成全球最适合移居的国家之一。

"囚夫"丨澳洲人的理想生活方式

> 修斯小可爱：
>
> 　　不管是什么文化背景，什么肤色，以哪种语言为母语，来到这里，你还是能感受到澳大利亚人特有的精神气质和文化习惯，有些会让人羡慕，也有些让人感到好笑。

　　丰富多元的文化让我们几乎不可能定义出一种典型的澳大利亚人。过去，在英国上流人士的眼中，居住在这片偏远大陆上的人们大多是喜好户外运动和饮酒，说话土里土气还爱拍大腿的乡巴佬，虽然实际上大多数澳大利亚人都居住在城市里。随着澳大利亚的发展，"乡巴佬"们的地盘和生活方式却变得越来越让人羡慕，每年都有大量的英美人士选择到这里定居。

　　绝大多数澳大利亚人都为自己的国家感到骄傲，他们也确实有这样的资本：得天独厚的自然环境、优越的福利制度、友善的人际关系让他们可以比较轻松地享受一生。据联合国的人类发展指数调查显示，澳大利亚人的平均寿命、文化程度、人均收入等指标均处在世界前列，因此这里也被公认为生活质量最佳的国家。就像不少澳大利亚人喜欢说的："We are here for a good time, not a long time（人生在世，是来过好日子的，不是来熬日子的）。"

　　据说在澳大利亚人最在意的事情中，排名前几位的依次是家庭、伴侣、体育、啤酒、狗，然后才轮到金钱。拥有一座一千平方米的别墅、几个孩子、一条大狗，周末去海滩晒晒太阳，

吃一顿烧烤或去公园打打球是多数澳大利亚人梦想的生活状态。因此也有人把他们的理想生活总结为"四夫"生活：农夫——房子位于面积广阔、绿化环境良好的城市郊区；渔夫——时常可以出海垂钓；车夫——随时可以驱车去往附近的小镇、海滩或国家公园；高尔夫——在澳大利亚，高尔夫可不算什么特别高端的运动，这里到处可见绿草如茵的高尔夫球场，价格也十分亲民。在南澳大利亚的塞杜纳（Ceduna）和西澳的卡尔古利（Kalgoorlie）之间的艾尔（Eyre）高速公路上，还有一座世界上最长的高尔夫球场——Nullabor Links，球场全长达到了惊人的 1365 公里。

在这些放松与享受之外，澳大利亚人也以喜爱运动和动手能力强著称。很多人都愿意以登山、跑步、健身等运动方式或清理自家的草坪、泳池、汽车等家务劳动来度过周末。

蒔花弄草的澳大利亚人

当然，尽管生活氛围优越、福利制度完善，但和所有的地方一样，普通的澳大利亚人也需要通过努力工作来赚取维持生活的收入。澳大利亚是世界上物价最高的国家之一，好在也是平均收入最高的国家之一，就拿爸爸所在的新南威尔士州来说，这里的人均年收入已经超过了 8 万澳元（约合 40 万人民币）。

澳大利亚保持着与英国一样的每周发放工资的传统，不少当地人开玩笑说：其实这不是要和英国保持一致，而是因为如果一个月发一次工资，那么到了月底工资早就花光了，根本没法生活，所以只能改为一周发一次工资，才能让生活均衡一些。

新南威尔士州的发薪日是每周四，所以这一天也叫作 Shopping Day，所有的商场都会延长营业时间到晚上九点，餐馆、酒吧的生意也会比周一到周三好很多。悉尼的年轻人常常调侃：从周一到周四，他们过的是奴隶的生活；而从周四到周日，他们过的是上帝的生活。

中国人在澳洲 | 可能感觉不到在国外

亲爱的修斯：

　　了解了澳洲人的理想生活，再来说说我们中国人是如何在澳洲这片土地上生活的。

　　中国人在澳大利亚生活的历史始于 19 世纪中期的淘金热时期，但直到 20 世纪 70 年代"白澳政策"废除后，大批中国人移居澳洲的情况才正式开始。就在这短短的几十年间，移民澳大利亚或在这里出生的华人已经超过了 100 万之多，华人也成为澳大利亚社会的一个重要组成部分。走在大城市的街头，黑头发黄皮肤的中国人比比皆是，带有中国字样的招牌也屡见不鲜，甚至有人说来到这里都感觉不到是出了国。

　　在悉尼和墨尔本这样的大城市，除了市中心的唐人街，广阔的郊区中也分布着若干个华人聚集区，如悉尼的 Chatswood（车士活）、Eastwood（伊士活）、Hurstville（好市园），墨尔本的 Boxhill（博士山），等等。这些华人区里遍布中餐厅、中国商店和超市，甚至连银行、医院、政府机构内都会同时使用英文和中文的双语服务，因此会让我们中国人感到特别的亲切和方便，对于不少岁数较大、没有英语基础的华人来说，这些华人区域会显得尤其便利。

　　我们中国的特色文化也在几十年的历史中慢慢渗透进了澳大利亚社会的方方面面，中餐在澳洲的各个地方都极受欢迎；中文也成为澳洲人越来越热衷学习的外语之一，每年的春节期间，澳大利亚的各个城市都会张灯结彩，打出醒目的迎接"中国新年"的标语或海报；而在元宵节，悉尼等城市还会举行隆重的中国新年花车游行，热闹程度丝毫不逊于澳大利亚的传统节日。

随着在澳生活的华人越来越多，除了传统的华人聚集区之外，也涌现出了越来越多新兴的华人区以满足越来越多的年轻人的需求。

位于悉尼市区向西 15 公里左右的半岛罗德（Rhodes）就是个典型的例子。十多年前，罗德半岛所在的区域还是个遍布油漆厂和化工厂的工业中心，但在当地政府的规划和大力扶持之下，半岛上开始陆续建起了大片的公寓住宅楼、写字楼和商业中心。由于得天独厚的地理位置，半岛上的新型公寓楼大多是年轻人青睐的水景住宅，周边铺设上大片的草坪，健身步道，再加上购物中心吸引来了像宜家（IKEA）这样的重量级商户和众多的风味餐厅，现在的罗德已经成为全悉尼闻名的时尚区域，也吸引了大量的华人来此居住。

在华人区林立的悉尼，罗德是第三大的中国大陆移民聚集区，华人占比超过了四分之一，而且以年轻人居多，整个区域的人口平均年龄还不到 30 岁。根据澳洲人口统计局 2016 年的人口普查数据显示，15 岁及以上的 Rhodes 居民中 27.4% 拥有硕士学位，位列悉尼首位，而在这里出生的华人婴儿也和传统的老牌华人区好市园并列南半球之首。

迷人的环境、便利的交通、一流的购物氛围，以及与悉尼奥运村近在咫尺的距离和丰富多样的美食，让罗德成为当地人十分喜爱的周末放松地点。2016 年风靡全球的 AR 游戏 Pokémon Go 把罗德设置成了全世界虚拟精灵最密集的地方，引来了无数人到这里捕捉精灵，甚至到了半夜前往这里的道路还会发生拥堵。

罗德的成功也让悉尼近年来开始出现越来越多类似的新兴华人区，无论是一河之隔的 Wentworth Point 还是距离市区更近的 Zetland，都在以越来越时尚的面貌欢迎着本地和来自中国的年轻人。

衣｜衣裳爱好是天然

亲爱的修斯：

　　你和我说等来到澳大利亚玩的时候，要陪妈妈好好逛逛街，买些好看的东西，那么，今天咱们就来说说澳大利亚的时尚吧，虽然爸爸在这方面并不算精通。

　　澳大利亚人以朴实自然著称，他们对穿着十分随意，最喜欢休闲自然的服饰，在大街上，穿着夹脚拖鞋甚至光脚的人也很常见。国内不少人常把澳大利亚称为"土澳"或"澳村"，就是形容这里的人对于时尚并不敏感。

　　但实际上，如果能在这里多停留一些时间的话，就会发现澳大利亚的时尚行业其实并不逊色。受到温暖的气候、多彩的户外生活和多元文化的影响，相对精致细腻的欧洲品牌而言，澳大利亚的时尚风格更偏向于休闲，别致而有趣。澳大利亚的本土设计素以敢于打破传统而著称，1965 年，英国模特 Jean Shrimpton 首次身着迷你裙在墨尔本 T 台上亮相，惊艳了全世界。随后，本地设计师 Prue Action 推出了一系列类似款式的露膝短裙，不经意间就引领了一场大胆的国际时尚潮流。

　　在澳大利亚的"时尚之都"墨尔本，每年都会举办盛大的时装节（Melbourne Fashion Festival），为期一周的活动包括游行和各种由超级名模领衔的时装表演，光彩夺目，具有很高的国际知名度。在悉尼和墨尔本的市区以及一些时髦的近郊区，都不乏充满个性和创意的设计商店，里面的衣服、饰品、礼品、家具常常别出心裁，透露着澳大利亚清新、有趣、前卫的风格。值得一提的是，发源于澳大利亚的冲浪文化也衍生出了独特的冲浪衣着风格，Rip Curl、Billabong 等本地冲浪品牌的衣帽服饰不仅品类繁多，价格也很低廉。

食 | 群 "英" 荟萃的美食天堂

亲爱的修斯：

　　晚上好，吃饭了没有？爸爸刚刚在家附近的黎巴嫩餐厅吃了一顿牛肉、鸡肉和蔬菜的混合肉串，很香，而且和国内的烤串味道不太一样，等你来了，咱们也一起去尝尝。

　　聊到澳大利亚的日常，怎么能不说说这里的美食，我知道，你肯定对今天说的内容特别感兴趣。

　　说起饮食文化，平心而论，澳大利亚算是一个比较贫瘠的地方，一百多年来一直以英格兰、爱尔兰的饮食传统为主，而众所周知，英伦地区本身也不以饮食见长。所幸，随着 20 世纪移民政策的全面开放，来自世界各地的移民也带来了丰富多样的饮食文化，把澳大利亚变成一个名副其实的美食天堂。意大利、希腊、法国、西班牙、土耳其、中东、拉美等各个地区的菜肴相继在澳洲落地生根，而亚洲风格的美食更在这里备受欢迎。不夸张地说，在澳洲大陆任何一个稍具规模的小城镇里都可以找到水准不错的中式或东南亚风味的餐厅，中餐、泰餐、日餐、韩餐、越南餐和马来餐都是这里非常流行的菜系。

　　俗话说：巧妇难为无米之炊。但在澳大利亚完全不会碰到类似的问题。澳大利亚人的食材可以说是世界上最丰富多彩的——肉、蛋、海鲜、蔬菜和四季时令水果应有尽有，而且品质优良、名扬海外。

　　广袤的海域和几乎零污染的环境造就了澳大利亚海鲜的纯净品质，在著名的悉尼鱼市场（Fish Market）上，能看到个头惊人的澳洲皇帝蟹、大龙虾、鲍鱼、生蚝和各种各样的贻贝、海鱼。大的皇帝蟹块头足有洗脸盆那么大，而鲜活肥壮的生蚝回味甘甜，带着海水的味道，让人垂涎欲滴。

在澳大利亚的每一座城市、村镇甚至人烟稀少的偏远地区，都能够找到售卖"国民食品"炸鱼薯条的店铺，虽然这是起源于英国的传统食品，但品质更胜一筹的鱼类让澳洲的炸鱼味道青出于蓝。

宽广的地域和优越的水土气候也让澳大利亚的牛羊肉质量有口皆碑，无论是西式风格的烤牛排还是中式风味的肉类菜肴，品尝起来都有别具一格的口感。

还记得澳洲国徽上的两种代表动物吧，修斯？对，袋鼠和鸸鹋。虽然堪称澳大利亚的国宝，但过多的数量也让它们难逃被送上餐桌的命运。袋鼠的口感与牛肉类似，澳大利亚人通常只会把袋鼠肉煮到五分熟，因为全熟的话肉质就会容易偏干、发硬、发酸。做好的袋鼠肉通常会和大蒜、胡椒、迷迭香粒等调料搭配以提升口感，配菜则会选用梅子或者橙子等味道比较强烈的水果；鸸鹋肉虽然也说不上有多好吃，却是一种低胆固醇、低脂肪的健康食物，比普通的肉类含有更多的铁元素，经常被澳大利亚人做成烟熏肉类或放进比萨的辅料中。

在昆士兰州北部和北领地地区，当地人习惯把鳄鱼肉当作款待客人的佳肴，而在澳大利亚的其他地区还有各具特色的风味，比如墨尔本维多利亚女王市场里精致的蘑菇大餐、布里斯班河畔的牛肉烹饪、南澳大利亚巴罗莎山谷带有德国美食风格的农家菜、塔斯马尼亚岛久负盛名的山羊奶酪，等等。

说到小朋友们喜欢的食品，澳洲有一种以黑白巧克力为主料做成的扭结糖（Nougat），大的有半斤重，小的只有 10 克左右。扭结糖看起来好像只是在巧克力中掺入了果仁、葡萄干、爆米花等配料，但因巧克力的软硬不同、韧性不同而形成了让人意想不到的种类和口感；另一种在澳洲家喻户晓的食品就不是那么容易让人接受了，这就是富含维生素 B，被国人称为"澳洲臭豆腐"的 vegemite 酱。它是澳大利亚人居家必备的食品之一，可以说是很多人不可缺少的童年记忆，他们习惯把这种酱料抹在面包上吃。可是除了澳大利亚人，其他地区的人们一般都会觉得这种酱的味道难以入口，有人形容它有股"臭咸鱼的味道"，你有没有胆量亲口试一试，修斯？

中外文化大不同丨烹饪·购物·医疗

烹饪：澳大利亚素以优质的牛羊肉制品闻名，在琳琅满目的超市货柜上，能看到各种价位的牛、羊、猪、禽类肉制品，不管是什么部位，都显得新鲜干净。在这新鲜的背后，也有着一套比多数国家都要严格的人道宰杀方法。

为了食物、皮毛或其他产品而进行的动物宰杀在这里要严格按照《澳大利亚人类食用肉类生产和运输卫生标准》执行，核心是保证把"损伤和痛苦最小化以及对动物进行最低限度的干扰"。澳大利亚还成立了一个叫作"皇家预防虐待动物协会（RSOCA）"的部门来专门监督和管理这一标准。

在澳大利亚，不但对于屠宰场的宰杀流程要求严格，对于像袋鼠等野生动物的捕杀也有着明确的射杀守则：从事袋鼠捕杀工作的都是专业的"袋鼠猎手"，他们每天射杀袋鼠的数量、方法，甚至使用子弹的类型都有着明确的规定。这样做的目的就是让被射杀的袋鼠能够快速死亡，最大程度减少它们的痛苦。

在澳大利亚，一些生活在 House 中的中国老人常常喜欢在自家的院落里饲养一些家禽，那么他们是否能够在家宰杀这些鸡鸭呢？

按照当地的法规，只要不用于商业，在自家宰杀家禽并不违法。但原则上，皇家预防虐待动物协会是反对人们自行在家里宰杀家畜的，因为不专业、不熟练的宰杀手法或不恰当的运输方式都会给动物们带来更多的痛苦。协会建议：如果一定要在家宰杀家畜，应在操作前向专业兽医或专家咨询合理的宰杀方式。

2016 年，在悉尼鱼市场发生了这么一段故事：有位顾客发现一家餐厅的员工在宰杀龙虾时缺乏耐心，没有将龙虾拍晕，便直接开剁，期间龙虾一直在痛苦地挣扎。于是这名顾客拍下一段视频发到了网上。RSOCA 在看到视频后以"对甲壳类动物实施虐待"为由，将这家餐厅告上了法庭，最终餐厅被处以 1500 澳币的罚款！早在 1997 年，甲壳类动物就被归入《防止动物虐待法》的保护范围之中，所有鲜活的甲壳类动物在被宰杀时，都要求采取注射药物或其他适宜的处理方式，以减少它们遭受的痛苦。

在澳大利亚，烟酒的售卖也和我们中国有很大不同。烟酒类产品会被课以高额的消费税，这是促使人们减少对其消费的最直接有效的手段。所有的酒精类产品只能在持有专门执照的酒类专卖店或餐厅里才能销售，而在超市或便利店中是无法买到的；烟草类产品的销售限制则更为严格，所有的店铺都不能对烟草进行敞开式售卖，只能把烟草产品隐藏在标有 SMOKING KILLS（吸烟致命）和戒烟热线电话等类似内容的标志之后，而所有的香烟盒上都会大面积地印刷上吸烟所致种种危害的图片，以引起人们的不适。

众所周知，澳大利亚人非常喜欢吃蛋糕类的甜食，而这类食品的热量极高，并不健康。因此，澳洲大多数的咖啡店和甜品店会被要求在每种甜食的价格下面明确标出此种食品所含的卡路里，用来提醒对甜食缺乏抵抗力的人们。

澳大利亚的甜品店

购物：北美地区和一些英联邦国家里，在超市购物后交费时常会被问到是否需要提取现金。只要表明自己需要提取现金，就可以在刷卡消费时多刷一些金额，然后得到消费部分之外的现金，省却去银行或用 ATM 机提取现金的麻烦。

在美国或英国，这种提现服务叫作 Cash Back，而在澳大利亚通常被称为 Cash Out。需要注意的是，这项服务一般只能在使用借记卡（Debit Card）消费的时候才可以享受到，而使用信用卡（Credit Card）消费时则不行。

在澳大利亚的超市结账，会发现人工收费通道变得越来越少，多数人为了节省时间，都会在自动收银机前扫描商品的条形码来自助结账。这种方式虽然便利，但比起我们中国流行的移动支付方式还是要略逊一筹。在澳大利亚，并没有类似于微信或支付宝的移动支付方式，仅限于苹果手机用户使用的 Apple Pay 实际应用机会也不多，只能够在个别的品牌咖啡厅或商场内使用。放眼全球，可以说没有哪个国家像我们中国一样使用移动支付如此普及，这绝对是我们领先世界的科技成果之一。

医疗：澳大利亚全面的医疗体系和医疗福利政策举世闻名，但随着前去定居的中国人越来越多，和我们中国的医疗系统比较之后，也有很多人感觉那里的医疗服务并不完善，甚至效率低下。

可以说，没有哪一种医疗服务系统是十全十美的，而到底哪一种更好，是个见仁见智的问题，前提是，先要了解到澳大利亚的医疗系统和我们到底有哪些不同。

澳大利亚的就医流程和多数欧美国家类似：生病时不是直接去往医院，而是先联系自己的全科医生，然后预约到全科医生所在的诊所就诊。

说到诊所，我们中国人常常会怀疑那里的卫生条件和医生水平，但在澳大利亚，绝大多数诊所都十分现代化，全科医生也都是政府认可的正规医生，完全不用有什么担心。多数诊所都会写有 Bulk Bill 或 Billings 的标志，代表享受澳洲国民医疗系统 Medicare 的当地人在此就诊完全免费。

全科医生对医学的方方面面都有一定了解，如果患者的病痛在他们的能力范围内可以解决，看病流程就会到此结束；而如果症状较严重或需要更多的专业检查，全科医生也会根据具体情况来写推荐信，使病人得到下一步的诊治。

多数全科医生解决不了的病症都需要前往医疗中心（Medical Center）找专科医生（Specialist）就诊，而紧急的病症或手术之类则需要前往条件更加齐备的大型医院或私立医院。当然，并不是有了全科医生的推荐信就可以立即前往这些地方就诊，除非情况非常紧急，一般的病症还需要再经过下一轮的预约。

澳大利亚的公立和私立医院数量大体相等，公立医院理论上实行全部免费的医疗服务（只对当地人免费），但资源有限，如果不是非常紧急的症状，治疗的等待时间一般会比较长，有些手术甚至会排到几年之后，这也是很多国人吐槽澳洲医疗效率低下的原因之一。

和国内不同的是，即使去公立医院挂急诊就医，护士也会根据情况来判断患者的病情等级，对于不会立即致命的症状，往往会等候很长时间，而让位于那些情况紧急的患者，"先来后到"的规则在这里是不成立的。在澳洲，常常会出现病人发高烧去医院急诊，结果等了五六个小时，烧都退了还没见到医生的类似笑话，但这种情况确实很可能会发生。

而如果碰到心脏病发作或分娩这样的紧急状况，无论是不是本地人，都会在最短的时间内得到及时的救治，本地人术后的餐饮、医疗照护等服务全部免费，这也是另一些人称赞澳洲医疗系统全面又贴心的理由。

无论是去医疗中心还是医院进行治疗，都不要忘记事后告诉自己的全科医生治疗情况，因为全科医生才是最了解病人全部病史和身体状况的人，这样才算结束了一个完整的看病流程。

至于看病过程中所需的药物和检查，除了在医院做手术期间，其他都需要自己来付费。澳洲国民医疗系统 Medicare 中有一个可报销的药物清单，但只有少数药品能够全额报销，大部分药品还需要患者全部或部分支付费用。买药需要去专门的药店（Pharmacy 或 Chemist），而不像国内那样可以在医院一站式解决。澳洲的药店在诊所附近、城镇主街或商场内随处可见，不单卖药，还会出售如洗发水、洗面奶、香水等日常用品，因此也是澳洲人出入频率很高的购物场所之一。

住丨一千平方米的别墅谁不爱

在地广人稀的澳大利亚，拥有一座占地上千平方米的别墅是多数人追求的目标，在一份国际人均住房面积评比中，澳洲人曾"勇夺"冠军，可以说，在欧美国家中，澳洲人对于大房子的热衷指数是名列前茅的。

然而，随着人口的迅速膨胀，城市的边界也在不断扩张，越来越多的年轻人难以忍受一小时以上的单程通勤时间，而选择居住在公共交通发达、基础设施便利的市中心区域。当然，这种选择势必要以牺牲住房面积为代价。

澳大利亚的住房基本上可分为四大类型：独立屋（House）、联排别墅（TownHouse）、公寓（Apartment）和单元房（Unit）。

独立建造的 House 风格多样，房主可以根据个人喜好选择房屋的材质或造型，前提是通过当地政府的批准。House 主要有砖房、木房和砖皮房等类型。外墙完全使用砖建造的 House 冬暖夏凉，保温性好，且不易被腐蚀，造价也最高；而外墙完全是木质的房子虽然比较便宜，但保温性较差，也很容易被白蚁啃食，需要定期保养。

独立的院子是 House 最主要的标志。澳洲的多数地方都会对独立屋有足够的草坪覆盖率的要求，绿草茵茵的院落无论是让孩子们做游戏还是家庭聚会、户外烧烤都很适合，不少富裕的家庭还会在院子中设置游泳池或网球场。环形的晾衣架是澳洲人的发明之一，也是这里 House 的"标配"，由于空气纯净，如果赶上下雨，很多澳洲人并不会匆忙去收衣服，而是任由它们被淋湿，然后等太阳出来后再次晒干。

随着环保概念日益深入人心，澳洲的 House 也越来越注重建房时的节能环保，如改用分段节水式抽水马桶、装设屋顶隔热层和节水式淋浴喷头，等等，维州就规定自建房成本中必须要增加一项节能环保开支。

联排的 Townhouse 可以说是"减配版"的独立屋，院落面积较小，设计风格统一，一般都是两层砖房，一层配有厨房、卫生间、起居室和客厅，二层则是卧室和卫生间。

　　Apartment 是在悉尼和墨尔本这样的人口密度很大的城市中越来越受欢迎的选择，一般位置较好，保养成本低廉，安全性很高，大都有先进的门禁系统。

　　澳洲的 Apartment 大都是框架结构，可以抵挡至少七级的地震。不少公寓自带游泳池和健身房，楼下配有室内的统一车库。

　　这里的 Apartment 内部装修设计很现代化，大都配备带有洗衣机和烘干机的洗衣房，开放式的厨房里有灶台和烤箱，很多 Apartment 还会根据户型设置一个没有窗户的 Study Room。

　　由于阳光充足，澳大利亚人并不太在意 Apartment 的朝向，而更看重从房间看出去的景色。因此带有水景或城市景观的公寓通常会卖得更贵。而无论层数高低，景观如何，一个露天的阳台是 Apartment 不可缺少的配置，澳洲人喜欢在阳台上摆上桌子和几把椅子，充当自己的空中院落。

　　被称作 Unit 的单元房可以看作是 Apartment 的老旧版本，房子大多 2 层或 3 层，没有电梯和门禁系统。老式的单元房有木房也有砖房，即便是木房，由于是多栋房屋相连，保温性也会比木质的 House 要好。由于楼层不高，单元房和独立屋一样很容易进入虫子和苍蝇，因此常需要准备一些杀虫剂。

▌路边的别墅▌

用丨Made in China，品质有保障

说到澳洲人的日常生活，自己居住区域内的 Towncenter 是一般人最常光顾的地方。在大城市的郊区会星罗棋布地分布着上百个小镇，镇中的主街上能找到邮局、药店、超市、餐厅、便利店等各种店铺，满足人们绝大部分的生活需求。

如果不是特别繁华的小镇，是无法找到类似于西田百货（Westfield）这样的综合性大型商场的，而售卖各式各样商品的超市就会是人们购买日常用品时最常去的地方。Coles 和 Woolworth（在维州叫作 Safeway）是本土最大的两家连锁超市，无人不知，在这里能找到从食品、日用品、宠物用品到书籍、非处方药等各式各样的东西，但就是没有酒精类饮品出售。我们前面也提到过，澳洲对于售卖酒类有着严格的规定，买酒需要去持有专门牌照的酒类专卖店（Liquer Shop 或 Bottle Shop），而 Coles 和 Woolworth 超市门外常常会设有自己品牌的酒类专卖店。

为了促进消费，两家超市也各自联合了澳洲最常见的加油站 Shell 和 Caltex，只要在超市购买超过一定数额的商品，凭借购物小票就可以在加油时享受到每升汽油几个 cents 的优惠。

除了这两家综合性的大型超市，在澳洲的城镇或大型购物中心里，还会看到一些特色和主题不同的连锁店铺，如儿童用品和日常生活用品价格低廉的 Kmart 和 Big W、专卖办公用品和学生文具的 Officeworks 以及专卖工具类用品的 Bunnings，等等。

虽然在澳大利亚到处可以见到华人的面孔或中餐厅，但其实"China"字样出现频率最高的地方还是各式各样的商店，因为带有"中国制造（Made in China）"字样的商品可以说早已占据了澳洲人生活的每个角落，带有中国特色的商品也越来越被澳洲人认可甚至依赖。曾有一个调查显示：70% 以上的澳洲家庭都会备有中国

酱油，风味独特的"老干妈"调味酱也被澳大利亚人认为是佐餐的神级酱料。

　　随着中国国力的提升，中国制造的商品质量也越来越高，若干年前那种商人故意用价签把"Made in China"几个字盖住的情况已经一去不返了，很多时候，Made in China 已经成为质量和品质的保障。

澳大利亚商场中的橱窗

行 | 一定要选对交通方式

日常生活离不开衣食住行，我们已经聊过了澳大利亚的美食和时尚，再来说说这里的交通吧。要知道，在广阔的澳大利亚，不选择好交通方式，活动范围可要打上很大的折扣呢。

自驾是澳大利亚最为普遍的交通方式，无论在城市郊区生活，还是住在更远的村镇，开车都是最便捷的选择，这里的家庭几乎都拥有一辆或几辆汽车，澳大利亚也因此被称为"车轮上的国家"。

澳大利亚拥有广阔的公路网络，道路状况良好，不少自驾线路的风景也很宜人。澳洲政府对驾车有着非常严格的要求，城市和乡镇里开车的最高时速为 60 公里，某些郊区为 50 公里，国道和高速公路最高时速通常为 110 公里。为确保安全，驾驶员和乘客都必须始终系好安全带，开车时接打电话也是绝对禁止的，违者会被处以高额的罚款。

而如果在大城市间往来，由于彼此间距离都在几百甚至上千公里，所以飞机是最为常用的交通方式。澳大利亚的所有主要城市和知名观光胜地都设有机场，总数将近 50 个，澳洲航空（Qantas）、捷星航空（Jetstar）、维珍澳洲航空（Virgin Australia）等航空公司的班次都很频繁，价钱通常也不贵。

由于耗时偏长，价格也没有很大的优势，火车和长途汽车并不是在澳洲旅行的主流方式。虽然澳大利亚的铁路网规模不小，有超过三万公里的铁轨，但更常用的铁路还是往返于城市中心与附近的郊区之间；澳大利亚的国营长途巴士叫作"灰狗（Grey hound）"，票价比火车便宜不少，车上通常设有空调、阅读灯、可调节座椅和电影放映机，舒适性可以接受。

在澳大利亚的所有首府城市，都有密集方便的公共交通服务网络，包括火车、巴士、渡轮、轻轨、有轨电车和出租车等多种方式。以爸爸所在的悉尼为例：近郊火车是大家平常使用最多的交通工具，和我们国内的地铁概念相仿，在悉尼的市区和郊区有密密麻麻的火车站，搭建起一个完善的火车网络。火车站中都会设有自动售票机，可以用纸币、硬币和银行卡购票，较大的火车站也会有人工售票窗口。站内还会有多个电子提示牌来显示每个站台的车次及到达时间，对于选择车次非常有用。和我们国内的地铁不同，即使在同一个站台，也会在不同时间驶来去往不同终点的车次，如果上错车，就会被拉到完全不同的地方。

由于市区内的停车费用昂贵，所以线路密集的巴士也是一个不错的选择。车站会有清晰的线路和到达时刻表，车来的时候需要招手，下车时要提前摁红色的STOP 按钮，否则司机有可能不会停车。

悉尼是一个海湾城市，因此拥有以歌剧院旁的环形码头为中心向外发散的轮渡系统，去往某些海边地点，轮渡往往是比火车或巴士更为便捷的选择。

悉尼现在已经完全放弃了纸质车票，改为电子公共交通 Opal 卡系统，一张 Opal 卡可以通用于火车、巴士、轮渡、轻轨等不同的交通系统，根据里程收费，非常便利。在火车站和街边的便利店里都可以买到这种卡或者随时进行充值。

▍墨尔本的火车站▍

语言课时间 III ┃ 交通工具的英文名称

　　出外游玩，知道些交通工具的名称很有必要。比如地铁，在英国叫作 Underground（伦敦也常称为 Tube），在美国就叫作 Subway，而在澳大利亚……澳大利亚地广人稀，不需要在地下挖掘地铁隧道，所以没有地铁，只有地上行驶的郊区火车 Train。不过，在人口越来越密集的悉尼，也开始计划要修建类似地铁的轨道交通，名字则取自拉丁语国家通用的地铁叫法 Metro。

交通形式	英文名称	你知道吗？
火车	Train	在澳大利亚，郊区火车更类似于我们的地铁或轻轨的概念，而城市间的长途火车一般会叫作 Intercity Train
公共汽车	Bus	公交车站叫作 Bus Stop，车站会贴有停靠车次的线路和时刻表
轮渡	Ferry	由于特殊的地理环境，轮渡是悉尼常用的公交出行方式之一，船票主要分为单程、往返和 10 次票，并以 9km 为界划分为两种不同的价位。除了在环形码头和曼利等重要码头可以在售票处和自动售票机买票，多数轮渡停靠点都没有检票口，只能上船之后或在靠近码头的便利店购买船票
轻轨	Light Rail	快捷便利的悉尼轻轨是一条私营交通线路，途经 Paddy's Market、情人港、悉尼娱乐中心（Entertainment Centre）、悉尼鱼市场和文特沃斯公园（Wentworth Park）等多个景点，但不能通用公共交通卡，只能付现金购票
有轨电车	Tram	复古的有轨电车是墨尔本市区内一道迷人的风景，其中车身被漆成了独特的酒红色和金色的免费环城电车（City Circle Tram）尤其受欢迎，车上有自动播放的导游词，会经过弗林德斯街、滨海港湾（Harbour Esplanade）、拉贝托街（La Trobe Street）及斯普林街等市区重要地段。需要注意的是，不少有轨电车的车站都设立在道路中间，需要穿过马路去搭乘

在澳大利亚，To Board 是指搭乘某种交通工具，例如电车、公共汽车或渡轮；Commute 则常指往返于两地之间的交通，比如上下班，Commuter 则是指经常搭乘某种交通工具往返两地的乘客。搭乘这里的公交系统，还有一些常用词也许会帮上你的忙——

英文表述	中文意思
Board a metro train	搭乘郊区火车
Valid ticket	有效车票
Touch on/Touch off	上／下车刷卡
Timetable	公交时刻表
Alight	指下车 Visitors to the museum should alight at the next stop 意思就是"要到博物馆的乘客请在下一站下车"

体育·休闲 | 仓廪实而敞开儿玩

　　澳大利亚人对于运动的热情举世闻名。令人羡慕的自然环境和气候创造了几近完美的户外运动条件，也使运动成为他们生活中不可或缺的一个重要组成部分。在澳大利亚，最普及的运动有跑步、游泳、骑自行车、网球、高尔夫球等，而澳式橄榄球、板球、足球、篮球和澳洲特有的无板篮球（Netball）都是很受欢迎的项目，一场全国性的橄榄球或板球比赛可以吸引到超过百万的电视观众，比赛当天很多火车都会被身着各色球队服装的球迷们挤满。

　　澳大利亚人喜欢的运动项目很多是建立在良好的身体条件和室外活动条件基础上的，比如跑步、游泳、冲浪等户外运动，相对轻松的生活氛围和较高的收入也让他们对于自己的身体健康和生活质量非常重视。由于地广人稀，商场和店铺一般在六点就会打烊，体育运动也成为人们用来交际的有效手段。在有"运动之都"称号的墨尔本，不足五百万的人口共拥有两千多处公园及运动休闲场所，一百五十处淡水游泳池或水上运动场，一百五十多个高尔夫球场和八百多个网球场，而澳大利亚全国更有 140 多个国家级体育组织和数千个地方、地区体育机构。

立足社区，着眼平民的运动员培训系统使澳大利亚真正达到了"全民健身"的效果，当地不少小孩子在 6—7 岁时就进入社区俱乐部进行训练，各个学校也会有自己的运动校队，俱乐部之间和学校之间都组建有地区级别的联盟，让孩子们可以参加大量的比赛。由于全民参与的热情和教练系统的成熟，即使在级别不高的比赛中，高水平的运动苗子也不罕见，这也是澳大利亚得以在众多体育项目中夺得国际冠军的原因。

　　从竞技角度来看，澳大利亚是不折不扣的体育强国，区区两千多万的人口却屡屡在奥运会上名列前茅，每次都能获得数十枚奖牌。如果按人口比例计算，澳大利亚无疑是世界上运动最普及、成绩最好和奖牌最多的国家之一。这还没有把不属于奥运项目的澳式橄榄球、板球和无板篮球等全民运动包含在内呢。

▌户外运动▐

澳洲人的业余生活丰富多彩，不同年龄的人拥有各自的娱乐方式。大多数澳洲人的生活悠闲自在，较高的收入和福利在保障了他们的基本生活之外，也使他们有充足的财力和精力来尽情娱乐。

建立于1910年的社会保障体系，使澳大利亚成为世界上实行社会福利制度最早和社会福利最好的国家之一。这里的各种保障津贴种类齐全，处处体现无论贫富，人人平等的理念，残疾人、老人和小孩更会受到特别的重视。

澳大利亚的国家健康保险计划Medicare举世闻名，所有国民都享受公费医疗，政府会为病人支付挂号、治疗、手术、住院等费用，"医药补贴计划"也会对许多处方药给予补贴。

由于人口稀少，在澳大利亚，凡是收入和财产情况符合一定条件的家庭，只要养育子女，就可以得到补贴。家庭补贴通常会每两周一次发给主要监护人，在孩子18岁前可以一直领取，而18岁后则可享受助学津贴。

身体、智力或心理有伤残的人士能得到比普通人高得多的福利待遇，负责在家照顾严重伤残人士的家人甚至还可以领取一份单独的护理者补贴。而对于正在寻找工作的失业者或为寻找工作机会正在接受教育、培训的失业者，为了使其能得到足够的收入，政府也会发放一定的津贴。

其他诸如像学习津贴、边远地区津贴、配偶津贴、电话津贴、房租津贴、交通津贴、托儿津贴等各项福利五花八门，不一而足，但应该强调的是，虽然澳大利亚的福利制度非常优越，却也不是懒惰者的天堂，这里从来不是一个什么都不用做、坐等拿钱的地方，领取救济金的人永远没有纳税的人生活水准高，否则，澳大利亚也无法成为这样一个蓬勃发展、活力十足的国家。

澳大利亚的学校注重素质教育，课外作业比较少，且十分重视娱乐活动和动手能力的培养，所以，这里的孩子基本是在玩乐中度过青少年时代的；澳洲的年轻人喜欢外出度假，一到周末便结伴到海滨去游泳、冲浪、晒日光浴，或到森林中去狩猎和野营，尽情享受大自然的美好；澳洲的老年人则喜欢在自家的花园里培育花花草草，或者去赛马场、赛狗场、赛车场观看比赛，顺带下注比赛结果，赌一赌自己的运气。

不管什么年龄，与全家人或与朋友们享受一顿 BBQ 大餐是几乎所有澳洲人钟爱的娱乐和社交方式，据说他们请客的最高规格就是自家后花园里的烧烤。澳洲人几乎每家都有烧烤设备，待铁板烧热后，洒上食油或黄油，然后将调好味的牛肉、羊肉、香肠、蔬菜放上去煎烤，随吃随煎，香嫩热乎。在澳洲几乎所有的海滩和公共草地上都会设有使用煤气或电的烧烤设施，十分便利，偏远地方的烤炉旁边往往也会备好木柴，任人取用。享乐至上、生活随意、爱好自然的澳洲民族特性在 BBQ 中得到了集中体现。

　　善饮的澳洲人也有着深厚的酒馆、酒吧和咖啡馆文化。即使在极小的村镇上，也会看到传统的澳式酒馆。在悉尼或墨尔本这样的大城市就更不必说了，周末夜晚的市中心会被饮酒作乐者挤满，还会有乐队的 Live 表演，说说笑笑，好不热闹。

澳大利亚著名的冲浪品牌

"节日之国" | 各州独特的惊喜

　　喜爱享受休闲的生活是澳大利亚人最大的特性，因此，这个国家也是世界上知名的"节日之国"，每逢公共假日，城市中的商铺大多关门停业，人们会阖家或结伴去往海滩、公园欢度假日。

　　澳大利亚重要的国家公共假日包括新年、国庆日、复活节、澳新军团日、圣诞节和节礼日等，在圣诞和复活节这样的特别日子里，很多观光景点都会闭门谢客。相对独立的联邦制度也让澳大利亚的各州都保留着自己独特的节日，而这些节日的特色和热闹程度往往能带给人们更大的惊喜。

1. 墨尔本赛马节 Melbourne Cup Day

　　每年11月举行的墨尔本赛马节是澳大利亚最重要的节日之一，由传统的年度赛马大会墨尔本杯演变而来，赛事举办当天的前后一周时间里，将上演澳大利亚最大的一场嘉年华，主要的活动包括赛马大赛、男士传统赛马时装比赛、女士时装帽子大赛以及儿童时装表演等。

　　墨尔本人对于这个节日的感情相当深厚，在杯赛上夺冠的赛马会成为全体墨尔本人的宠物。比赛期间，墨尔本市中心随处可见着装精美、头顶风情万种的帽子的女士，而赛场内的男男女女中几乎人人都在喝酒，散场后，观众席上会铺满一层五颜六色的酒瓶。

2. 墨尔本蒙巴节 Moomba Festival

起源于 20 世纪 50 年代的蒙巴节同样是澳大利亚规模最大、历时最长的嘉年华会之一，也是这座城市历史最为悠久的节日，每年固定在三月份维多利亚州劳动节的长周末假期举行。"蒙巴"的意思是"聚在一起玩"，因此节日是一场当之无愧的全民狂欢，充满着丰富多彩的各色游乐活动，其中最不容错过的三大活动分别是烟火表演、鸟人拉力赛和蒙巴节大游行。

节日期间，绚烂的烟火表演会将墨尔本的城市夜空映衬得璀璨无比；在鸟人拉力赛中，参赛者们身穿五花八门的自制服装和飞行器，尝试从一个高台飞向亚拉河中，看谁飞得最远；大游行是蒙巴节的压轴大戏，也是整个节日里最引人注目的一场文化秀，大街小巷到处是行驶的花车，来自各个社区的表演团体齐聚一堂，共同将这场欢乐的盛宴推向高潮。

3. 达尔文啤酒罐赛船大会 Darwin Beer Can Regatta

人口稀少的达尔文气候干燥炎热，那里的人们经常靠喝啤酒来消暑降温，因此也被称为"澳大利亚的啤酒之都"。当地居民将大量喝剩下的啤酒罐做成船只，在每年七月举办啤酒罐赛船大会，变废为宝，自娱自乐。

比赛当天，达尔文的海滩上会人山人海，充满欢呼和加油声。每年的参赛队伍能达到三十多支，他们创新不断，每年都能让观众们见到出人意料的船只。比赛的评比标准也很特别，首先船要能浮在水面上，其次再看竞赛船能航行多快。比赛进行时，为了赢得胜利，各种干扰的小武器也会纷纷上阵，往往是水枪和面粉齐飞，观赏趣味性极高。除了成人的啤酒罐赛船外，还有专门为小朋友们设立的汽水罐赛船比赛。

而在北领地的另一座城市爱丽斯泉，每年十月也会举办能与啤酒罐赛船大会媲美的脚行船比赛，参赛者们需要提着无底船只，在干涸的 Todd River 进行比赛，场面十分疯狂。

4. 阿德莱德艺术节 Adelaide Festival of Art

阿德莱德艺术节是澳大利亚首屈一指的文化盛会，也是仅次于英国爱丁堡边缘艺术节（Edinburgh Festival Fringe）的全球第二大边缘艺术节。每年的节日都伴有盛大的开幕派对，来自世界各地的艺术家们云集在这座城市，在各个场所表演魔术、杂技、马戏以及许多闻所未闻的边缘艺术。节日期间会有数以万计的游客来此狂欢，所有人都会陶醉在戏剧、音乐、视觉艺术的热烈节庆气氛中。

而在著名的酒乡巴罗莎谷，每年还会举行葡萄酒节（Barossa Valley Vintage Festival），延续德国人庆祝丰收的传统，采集葡萄竞赛、乘坐热气球以及无限量的美酒畅饮都显得特色十足。

5. 堪培拉澳洲花展 Canberra Floriade

相比繁华的墨尔本和悉尼，低调宁静的堪培拉只会偶尔才显露一国之都的本色。这里的澳洲花展是南半球最著名的大型花展之一，也是当地最广为人知的节日。花展上会有超过百万株的花朵竞相争艳，组合成各式绚丽缤纷的创意造型。展览期间还举办很多庆祝活动，游客们可以在街头品尝各式各样的特色美食，还能欣赏到美妙的音乐、舞蹈和街头表演。

文化艺术 ┃ 碰撞出的别样精彩

土著文化丨梦幻时代与图腾崇拜

说到澳大利亚的文化和艺术，土著文化绝对是一个不能绕开的话题。土著人原始而浓烈的文化虽然并不算丰富，但特色十足，也是形成今天澳大利亚文化的重要源流之一。

澳洲的土著文化源自他们特别的生活方式。土著人传统上以打猎和采集为生，游牧地域很广，常年处于一种流动的状态，物质文化保持在最低限度的水平上，不种庄稼，不养家畜家禽，食物主要是袋鼠、鸸鹋、鱼、蛇、蜥蜴和浆果等植物。著名的"飞去来器"是他们用来打猎的工具，这种用木片刻削而成的简易工具中间的弯折部分被削成弧形，抛掷后能从空中画一个弧形落回原处，它的名字"Boomerang"在土著语中就是"会回来"的意思。

土著居民独特的宗教大多以图腾崇拜为特征，每一个部族通常会用某种动物来命名，这种动物就是该部族的图腾。土著人相信人是从一块岩石或一个精灵开始生存的，而母亲赋予了他肉体。一个土著男子长大后要经过隆重的成年仪式，在宗教仪式的支持下保持这种生命直至死亡，再通过葬礼仪式回到作为中心的图腾中，周而复始，开始新一轮的生命。

土著的先民相信世界和万物都是动植物和人的一些祖先创造的，这个创造世界的过程叫作"梦幻时代"，而他们的祖先也会以神灵的形式得到永生。绝大多数的土著艺术都与"梦幻时代"有关，岩壁画中最常见的主题是神话传说中的精灵和图腾，有时也有宗教礼仪及庆典活动的场面。由于各个部落的领地都有自己的圣址，所以每个部落的岩壁画都各具特色，图腾花纹均不相同。土著人把这些条纹看作是祖先流传下来的标记符号，它代表着一个群体所特有的身份。

早在与外界隔绝的史前时代，澳洲的土著先民就创造出了颇具特色的艺术。他们用坚硬的工具或各色赭石在深山石崖上刻凿或绘制出一幅幅关于猛兽、精灵或狩猎场面及各种原始宗教崇拜的图腾，既稚拙无华，一目了然，又荒诞不经，神秘莫测，呈现出一种矛盾而和谐的魅力。在位于北领地的卡卡杜国家公园内有好几千幅这样的岩画，考古学家估计最古老的岩画可上溯到两三万年之前。这些岩画与当地奇伟的地形地貌融为一体，是其他任何地方都无法看到的景象。

用自然的方式再现大自然的原貌是土著文化的精髓，也表现出他们丰富的想象力。土著绘画形式多样，除了岩壁画和石窟画，还有文身画、石板画、树皮画，等等。他们会采用类似 X 光透视法一样的方式来描绘人体及动物，甚至常把人和动物的骨骼和脏器也描绘出来，虽然并不具备立体感，也不太重视细节，但很有感染力。

可惜的是，岩壁画属于已经失传的艺术，现在的土著艺术家主要以树皮来作画。树皮画的制作过程包括：剥下树皮，晒干后以烟熏黑，再用指甲、贝壳或其他工具在表面刻画，有时也会用一些颜料加以装饰，画作的主题和内容与岩壁画大体相同。

澳洲的土著语言没有文字，神话传说、歌谣等都是靠口口相传，有些已经流传了几千年的时间。土著居民部落繁多，语言多达 700 余种，因此口头文学也显得纷繁复杂，有明显的地域性特征，但绝大多数都与"梦幻时代"的传说和图腾崇拜等内容相关。

除却上古传说，土著文化也在与时俱进。50 元澳币上出现的戴维·乌奈庞被公认为"澳大利亚土著书面文学之父"，从 1920 年起他就写出了一些宗教信仰、道德说教类的作品和从各地随意取材的短篇小说，此外还有几百页厚的宗教教化、寓言故事和文集注释。

土著人的音乐和舞蹈也别具特色。他们的音乐一般以歌唱为主，乐器主要由一种硕大的竹笛和一些打击乐组成。土著人对乐理几乎一窍不通，却有着强烈的节奏感。在宗教庆典活动上，人们会围坐成一个圆圈，由一个或几个人领唱，众人则拍打腿部或地面唱和，还会有人随着歌声和乐器节奏翩然起舞。与绘画和文学一样，土著人的音乐、舞蹈和歌咏也几乎全部以"梦幻时代"的神话传说为内容。

监狱文化丨澳洲历史的另类主题

修斯:

众所周知,现代的澳大利亚是一个由囚犯建造起来的国家,悉尼、塔斯马尼亚等最早的殖民地中的经典建筑大多与囚犯们有关,而当初关押囚犯们的监狱如今也变成了了解澳洲历史的最佳地点。

18世纪和19世纪时,大英帝国在澳大利亚设立了数千所监狱,其中一些遗迹被完好地保存到了现在,也成了展示澳洲历史最好的另类主题博物馆。

2010年,位于悉尼、塔斯马尼亚岛、诺福克岛(Norfolk Island)和西澳弗里曼特尔的11座监狱遗址被作为一个整体列入了《世界文化遗产名录》。这些监狱关押过成千上万名男性、女性和儿童,大多位于肥沃的海岸地区,每座都有自身的用途,或用于惩罚性的监禁,或用于让犯人们通过劳动教养协助殖民建设。

现在这些监狱遗址已经变成了极具澳洲特色的观光旅游景点,近年来也开发出不少别开生面的主题观光活动,比如夜幕降临后在导游的带领下穿过漆黑的百年牢房,透过铁窗眺望鬼魂的晃动、聆听让人毛骨悚然的声响等。

除了前面已经介绍过的塔斯马尼亚的五处,其他六座入选的监狱遗址分别是:位于新南威尔士州的鹦鹉岛监狱(Cockatoo Island Convict Site)、古大北路(Old Great North Road)、海德公园营房(Hyde Park Barracks)和旧总督府(Old Government House);位于诺福克岛的金士顿和阿瑟斯淡水河谷历史区(Kingston and Arthur's Vale Historic Area),以及位于西澳大利亚的弗里曼特尔监狱。最有名的当属距离塔斯马尼亚首府霍巴特不远的亚瑟港监狱和位于西澳首府珀斯附近的弗里曼特尔监狱。

　　坐落在塔斯曼半岛上的亚瑟港监狱是澳大利亚保存最完好的监狱遗迹，有"澳大利亚的古拉格（苏联的政府机构，负责管理全国的劳改营）"之称。被大海包围的亚瑟港仅在半岛入口处有一个百米宽的陆地通道，被人们称作"鹰脖子"，只要卡住这个咽喉要地，犯人们便插翅难逃。从1830年至1877年的47年间，有12000多名犯人在亚瑟港监狱服刑，其中不少属于重案犯。1877年，监狱被关闭，后来的两场大火将这里烧得面目全非。

　　现在走进鳞次栉比的小黑屋，仍可以看到坚固的铁窗和用石块砌成的将近一米厚的墙壁。监狱博物馆里展示着用来惩处犯人的皮鞭、锁链等刑具。他们除了要忍受这些皮肉之苦，服刑期间还要承受繁重的苦役，如修路、烧砖、晒盐、建房等。监狱的多数建筑，包括牢房、火药库、守卫塔以及能同时容纳2000人的教堂都是由犯人建造的。亚瑟港还有一座少年监狱，当时英国的一些少年仅因为偷窃玩具这样的过失就会就被送到这里，承担繁重的体力劳动。

　　严酷的环境让很多囚犯都无法忍受，甚至有人会故意谋杀其他犯人以求一死。亚瑟港监狱中的所有尸体都会被船只运送到港外一个被称为"死亡岛"的小岛上，这里一共发现了1646个坟墓，但只有180个属于看守和军人的坟墓被标上了名字，其他则都是无名囚犯们的墓地。

　　建造年代稍晚的弗里曼特尔监狱是西澳小镇弗里曼特尔最不容错过的旅游景点，建造监狱所用的石料取自俯瞰城镇的山脊，建造至今整座建筑几乎没有过任何变动，从火车站和当地著名的市场都可以看到监狱庄严的塔楼。相比亚瑟港监狱，弗里曼特尔监狱的游览更富有趣味性，阴森怪异的夜间火把观光游览虽然有导游带领，但仍会让人觉得毛骨悚然。

建筑艺术 | 古今并立，相得益彰

小修斯：

和以古建筑为主的欧洲城市、以高楼大厦为主的北美城市不同，在澳大利亚的城市中，古建筑与现代建筑和谐地融为一体，大多矗立在河边或海岸线上，别具风情，也很值得花上些时间去好好游览。

对于澳大利亚这样一个年轻的国家来说，最古老的建筑也不过是 19 世纪初期的英国维多利亚式建筑群，比如悉尼和墨尔本的大教堂、市政厅、博物馆和校园，等等。这些建筑大多采用当地盛产的砂岩建成，颜色相近，风格统一，将一座座城市的中心点缀得颇具情调。

说到澳大利亚的标志性建筑，多数人首先会想到著名的悉尼歌剧院。但一次对澳大利亚当地人的调查显示，歌剧院这个可以称为国家标志的世界级景观居然没能排到最受欢迎的建筑排行榜榜首，取代它冠军地位的是堪培拉那座庄严肃穆的澳大利亚战争纪念馆。

其他入选榜单的知名建筑还有我们前面提到过的悉尼海港大桥和"世界最美购物中心"——维多利亚女王大厦、堪培拉的国会大厦、西澳大利亚的国王公园战争纪念馆和弗里曼特尔监狱、塔斯马尼亚的亚瑟港历史遗迹，等等，建于 1891 年的墨尔本布洛克拱廊（Block Arcade）也名列其中。这条拱廊的设计灵感据说源于意大利米兰著名的埃马努埃莱二世长廊（Galleria Vittorio Emanuele II），马赛克瓷砖地面配以大理石圆柱，两侧是维多利亚时代的窗棂，连顶墙的装饰也颇具匠心。

无独有偶，在处处不甘落后于墨尔本的悉尼也有着一座同样建于 1891 年的购物长廊——斯特兰德拱廊（Strand Arcade）。这条遍布特色商店和咖啡座的拱廊由英国建筑师设计，连接着悉尼市中心最主要的两条商业街道乔治大街（George Street）和皮特街（Pitt Street）。拱廊的地面同样由马赛克瓷砖铺就，射入玻璃天花板的自然光与灯光交相辉映，氛围迷人。斯特兰德拱廊曾于 1976 年遭遇过大火，但现在经过重新装修后又恢复了往昔的辉煌。

　　漫步在澳洲的城市中，无论是在悉尼港湾旁、墨尔本的亚拉河畔，还是在布里斯班、珀斯或阿德莱德市中心的河流两侧，时尚大气的现代化建筑群都是无法忽视的城市景观。澳洲的现代建筑常常与桥梁、道路浑然一体，造型动感清新，色调朴素自然，大多会有首层架空的构造或设有多个大阳台，通透开放。

　　这里许多近现代建筑都采用风靡 20 世纪的装饰艺术风格（Art Deco），建筑构件拥有繁简不一的变化或曲线，显得精致而有灵性。由于短暂的历史和包容的社会气质，澳大利亚的建筑受外来文化的影响较大，意识超前，不拘一格，又兼顾实用，很多细节都值得反复品味。

▍悉尼 CBD▍

博物馆丨澳大利亚 Top 10 排行榜

小修斯：

　　在前面介绍城市旅游景观的时候，你曾问我为什么澳大利亚的城市里没有博物馆？当然不是这样，修斯，而是爸爸特意为你把澳大利亚最有特色的博物馆整理成了一个排行榜，留在这里单独介绍。现在，我们就来看看这份榜单吧。

NO 10. 南澳大利亚美术馆 Art Gallery of South Australia 阿德莱德

南澳大利亚美术馆位于博物馆和阿德莱德大学之间，是全国拥有民族艺术收藏品最多的美术馆。阿德莱德被称为澳大利亚的"艺术之都"，美术馆正是体现这座城市艺术气质的最佳所在。

藏品中一幅名叫 *A holiday at Mentone* 的画作你可能见过：天气晴好，墨尔本近郊的海滩上是几位度假的年轻人——淑女坐在藤椅上阅读，全然不知她的伞已被风吹走；一位戴帽子的绅士正眺望远方，他们的身后是一位躺在沙滩上的男士，看上去仿佛睡着了；远处是碧海蓝天，点缀着云与桥，给人以优雅而随意的放松感。这是查尔斯·康德尔（Charles Conder，1868—1909）于 1888 年创作的一幅油画，是澳大利亚印象派绘画风格的杰出代表作，也能看出 19 世纪日本画风广为流传的国际趋势。

NO 9. 北领地博物馆和艺术馆 Museum & Art Gallery of the Northern Territory 达尔文

北领地博物馆和艺术馆是北领地首屈一指的博物馆，介绍了土著文化与艺术史、东南亚海洋文化与艺术史、海洋考古学、北领地历史等多种文化、历史与研究成果，也展示着很多艺术品。

这里主要由五部分组成：游客画廊、学生教育基地、电影院、工艺品商店和咖啡屋。在最有特色的"Cyclone Tracy（特蕾西飓风）"展览室里，人们能够身临其境般地感受到飓风来袭时的情景；而鼎鼎大名的鳄鱼"甜心（Sweetheart）"的标本也很吸引眼球，这只巨型鳄鱼生前身长达到 5 米，体重有 780 公斤。

作为土著居民的大本营，北领地的博物馆当然少不了介绍土著文化、历史、发展和艺术的展品，还会有土著艺术家现场作画。

NO 8. 昆士兰博物馆 Queensland Museum　布里斯班

位于布里斯班河南岸的昆士兰博物馆与南岸公园毗邻，共有四层，陈列了品种繁多的展品，从恐龙骨架到现代昆士兰州文物应有尽有，另外还有众多史前巨型动物的复制品，这些动物 10 万年前就已生活在昆士兰地区。

一层的主要看点是恐龙骨架，二楼有一个收费的小电影院，四楼则主要介绍昆士兰地区的发展史。三楼比较特别，有一处专门为孩子们开辟的展区，可以自己动手打开一些视窗，看到不同的鱼类和海洋生物。馆内还设有科学中心，有不少有趣的互动体验项目。

NO 7. 澳大利亚国立美术馆 National Gallery of Australia 堪培拉

建立于 1982 年的澳大利亚国立美术馆地处堪培拉的核心区域，与澳大利亚国会大厦、国立肖像馆、国家图书馆和战争纪念馆都相距不远。

美术馆成立初期曾引来众多非议，有人认为花费 134 万澳元巨款购买著名抽象表现主义画家杰克逊·波洛克（Jackson Pollock，1912—1956）的画作《蓝色枝条》（*Blue Poles*）是极其挥霍的行为。但时间证明了这幅画的价值，现在它的估价已经是当初购买价格的 20 倍。

国立美术馆中的藏品大致可分为三类：一是版画、木雕、石雕、平面彩画等作品；二是海报类作品，如记载着澳洲各个旅行协会重大事件的旅行海报、记录着几次世界战争的战争海报等；三是期刊书籍，包括一些世界著名图书馆收藏过的名著片段或节选。

NO 6. 澳大利亚国家博物馆 National Museum of Australia 堪培拉

2001 年才正式建成开放的澳大利亚国家博物馆坐落于格里芬湖边的 Acton 半岛，是一座色彩鲜艳、外形不规则的醒目建筑。

博物馆设立了六大主题展馆，珍藏着世界上最大的土著树皮画、绝种的塔斯马尼亚虎标本、早期澳洲囚犯的衣物、著名赛马菲尔·莱普（Phar Lap）的心脏和澳大利亚国产汽车霍顿（Holden）的原型等极具澳洲特色的展品。

博物馆大堂内装饰的一些大型物件也会让参观者们大开眼界，包括一架珀西瓦尔海鸥单翼飞机（Percival Gull plane）、可运行的明轮古船、19 世纪 20 年代在新南威尔士州使用过的马车以及一辆 1923 年从澳大利亚开始环球旅行的雪铁龙汽车等。

博物馆内还设有旋转影院和各式各样的儿童乐园，可以让孩子们尽情玩上一整天。

NO 5. 新南威尔士州美术馆 Art Gallery of New South Wales 悉尼

位于风景如画的皇家植物园和海德公园之间的新南威尔士州美术馆建于1874年，外观仿照伦敦的大英博物馆，被称为"澳大利亚的三大美术馆之一"。

美术馆内部空间宽敞，共有五层楼，由于地势原因，从前门一进去即为最高点，然后依次向下参观主题不同的每一层。地面层主要分为三部分：一是15—20世纪欧洲油画和雕塑展览，其中不乏毕加索（Pablo Picasso，1881—1973）、莫奈（Claude Monet，1840—1926）、劳特雷克（Henri de Toulouse-Lautrec, 1864—1901）等大师的作品；二是澳大利亚19—20世纪的精品绘画和雕塑作品展览；三是20—21世纪的原住民展厅。

美术馆的地下一层为亚洲艺术馆，主要收藏有中国、日本、韩国及印度的2000多件艺术品，包括水墨画、书法、陶瓷、佛雕等。这里曾举办过"张大千书画展""中国三星堆出土文物展""中国明清山水画展""故宫玉器展"等。

地下二层为当代及摄影艺术展厅，收藏着澳大利亚不同时期近4000幅佳作；地下三层则为展现原住民及托雷斯海峡岛民艺术成果的Yiribana展厅。

新南威尔士州美术馆

NO 4. 墨尔本博物馆 Melbourne Museum 墨尔本

2000 年正式对公众开放的墨尔本博物馆是南半球最大的博物馆，原先是皇家展览馆的停车场，与皇家展览馆同处于卡尔顿花园中。

博物馆主要分为三大部分：一是高达八层，世界上最大的 IMAX 电影屏幕，会上演各类 2D 或 3D 电影；二是 Bunjilaka 原住民文化中心，在这里可以欣赏到居住在维多利亚州原住民的各种艺术品和表演；三是主题繁多的各类常设展览，包括动态地球、600 万年维多利亚的演变、山姆考拉（一只在 2009 年维多利亚山火中受伤的考拉，因被拍到从消防员的水瓶中喝水而广为人知）、神奇的动物、恐龙漫步、昆虫世界、我们的海域、森林秘密，等等。博物馆还设有一个讲解植物、动物、矿物和人类是如何成长的儿童区和一个室外的"殖民地广场"。

NO 3. 塔斯马尼亚 MONA 博物馆 Museum of Old and New Art 霍巴特

著名的 MONA 博物馆被称为"塔斯马尼亚的现代建筑瑰宝"，它是一座私人艺术馆，位于霍巴特以北约 20 公里的 Berriedale 半岛上的 Moorilla 葡萄酒庄内。

博物馆建在砂岩悬崖上，外观的设计灵感来自希腊著名的空中修道院。主场馆的外墙是镜子，游客沿着楼梯下去就可以到达博物馆内部。博物馆的主人是一位特立独行的艺术收藏家、数学家和赌徒，名叫 David Walsh，MONA 是他的得意之作，也被他形容为"颠覆性的成人迪士尼乐园"。

MONA 主要运用光学和科技手法，展示各种现代艺术。馆内会给每位参观者发放一部智能讲解系统"THE O"，它会根据游客的位置对附近的艺术品进行详细解释，还允许参观者对作品表示"赞赏"或"讨厌"，被"讨厌"次数太多的展品将会被撤走。

NO 2. 维多利亚国立美术馆 National Gallery of Victoria 墨尔本

位于墨尔本市中心的维多利亚国立美术馆 NGV 是这座城市最知名的艺术馆，美术馆大门口的喷泉水池和流水玻璃幕墙都很有特色。

美术馆内收藏着超过 7 万件作品，内容涵盖了澳洲土著、亚洲、欧洲及前哥伦比亚时代的世界级艺术绘画珍品、雕塑作品和摄影作品等。在国际馆内，能看到包括毕加索、安迪·沃荷（Andy Warhol，1928—1987）等大师的创作；澳大利亚馆则包括西德尼·诺兰（Sidney Nolan，1917—1992）、玛格丽特·普雷斯顿（Margaret Preston，1875—1963）等本土艺术家的作品。如果在冬天前去，每周五美术馆内还会有乐队的现场演出。

NO 1. 澳大利亚博物馆 Australian Museum 悉尼

位于海德公园南侧的澳大利亚博物馆是公认的世界顶级展馆之一，建于1827年，是整个澳大利亚第一家博物馆，原名叫作"殖民地开拓者博物馆"， 1929 年改为现在的名称，直到现在，仍然是全国最大的自然历史博物馆。

博物馆共有三层，藏品极为丰富，主要收藏和展出各种动植物标本、化石、矿石和与环境科学有关的物品，最受孩子们欢迎的是十具保存完整的恐龙骨骼和同样大小的动物模型。

博物馆一层以介绍澳大利亚土著文明及澳大利亚历史为主；二层展示包括澳宝在内的矿物标本；三层则是大型古生物以及哺乳类动物标本的展厅，来自 1 亿 1 千万年前的蛇颈龙 Eric 是其中的主角。

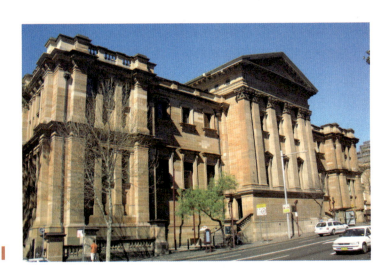

澳大利亚博物馆

文学＆绘画丨低调的喜人之处

小修斯：

　　说完了博物馆，咱们再来聊聊另一个你感兴趣的话题——澳大利亚的文学和绘画。历史并不悠久的澳大利亚在这两方面虽然不算特别突出，却也有着一些低调的喜人之处。

由于土著文化没有文字，仅存在萌芽状态的口头文学，真正意义上的澳大利亚文学是从18世纪末这片土地成为英国殖民地后开始的，所以从某种角度上来说，澳大利亚文学就是英语文学的一个分支。

起始于殖民时期的澳大利亚文学以流放犯和乡野劳动者的口头歌谣为开端，大多抒发被压迫者的感受，有较多的民主精神。最早一批在当地出生的诗人也深受英国诗歌的影响，擅长描绘景色和叙事。

早期的澳大利亚小说以游记、回忆录为主，主要向英国本土介绍澳大利亚的风土人情及殖民者的生活情况，不少作品描写了放牧漫游、流放囚犯、绿林好汉、淘金致富等典型的澳大利亚生活场景。

19世纪末，澳大利亚开始酝酿成立联邦制国家，民族主义思想盛行，文学风格也开始更多地强调独立，并注重采用劳动人民朴实生动的口语，逐渐形成了自己的风格。迈尔斯·富兰克林（Miles Franklin，1879—1954）创作的表现男女平等的自传体小说《我的光辉历程》（*My Brilliant Career*）发表于1901年，被誉为"第一部澳大利亚小说"；著名的女作家、诗人玛丽·吉尔默这一时期创作的诗歌具有明显的民主性，她也因而成为十元澳币上的人物。

20 世纪 40 年代之后，澳大利亚的文学越来越偏向于突出本地特色：一些文学家认为只有和澳洲本土融合在一起，才能创作出真正具有美感的作品，主张作家、诗人应该从土著民族的艺术、诗歌和传说中汲取营养。

20 世纪后半叶风靡澳洲的是意识流的文学创作方式，帕特里克·维克托·马丁代尔·怀特（Patrick Victor Martindale White，1912—1990）在意识流手法上取得了突出成就，他共出版了 12 部长篇小说、4 部短篇小说集、8 部剧本和非小说类文学作品。

1973 年，怀特的第九部长篇小说《风暴眼》（*The Eye of the Storm*）出版，同年，由于"他以史诗般的和擅长刻画人物心理的叙事艺术，把一个新的大陆介绍进文学领域"而被授予了当年的诺贝尔文学奖，成为澳大利亚第一个获此殊荣的作家，也被认为是 20 世纪最重要的英文作家之一。《纽约时报书评》称"很难用语言来描绘《风暴眼》的宏伟、睿智，以及对人类迷惘的忠实写照。一部成熟而优美的作品，每一段都值得细细品味。"而小说中的那句"每个人都是一座海岛，虽然之间有海水、云团和雾气连接，可谁也不会向谁靠近"，至今让人心有戚戚。

与文学一样，澳洲的绘画艺术同样有着从主要受欧洲艺术影响到逐渐发展出自己风格的过程。澳洲本土绘画主要分为两大部分：风格强烈原始的原住民绘画艺术和近现代西方绘画艺术。

原住民的绘画取材简单，颜料主要是各种颜色的泥土，他们不用线条也不用画笔涂抹，而是用石器或直接用手把颜料点上去，如果用放大镜仔细观看，就会发现他们的画作是由深浅不一的墨点组成的。

而构成澳洲美术绝对主流的西方绘画风格也经历了很大的变化，从 18、19 世纪以风景人物画为主的写实主义逐渐过渡到 20、21 世纪盛行的印象派、抽象派和以怪异、颓废和混沌为主题的现代艺术风格。

在开辟殖民地的早期，来自英国的人们对陌生的澳洲大陆上的动物、植物、气候和土著文化都感到十分神奇，于是用颜料和画笔将这一切都忠实地记录了下来。之后的几十年中，英国人不断来到澳洲，也产生了许多澳洲绘画艺术的先驱人物，比如被称为"澳大利亚风景画之父"的约翰·格洛佛（John Glover，1767—1849）。直到今天，以他的名字命名的 Glover Prize 依然是澳洲风景绘画的最高奖项。

约翰·格洛佛的作品 *Ullswater, Early Morning*

　　说到澳洲的印象派，就不能不提到产生于 19 世纪晚期的 Heidelberg 学院派。当时澳洲的一批画家受到欧洲印象派的影响，自发地聚集在墨尔本市不远处的 Heidelberg 一起研习、作画。位于亚拉河畔的 Heidelberg 环境优美，宁静安逸，适合作画，这一批画家中也产生了许多澳洲绘画艺术的代表人物，他们的作品成为现在澳洲绘画史上最为昂贵的画作。

　　维多利亚国立美术馆中展出的由弗雷德里克·麦卡宾（Frederick McCubbin,1855—1917）创作于 1904 年的《先锋》（*The Pioneer*）是这一画派的代表作之一，被公认为澳洲最有价值的艺术作品。这幅作品由三幅画组成，反映了当时先驱登陆者的开拓精神，受到澳洲人民的普遍认同和喜爱。

上 ┃ 学院派 Julian Ashton 的作品 *A Solitary Ramble* ┃
下 ┃ *The Pioneer* ┃

音乐 & 电影丨属于大腕儿也属于普通人

修斯：

　　除了文学和绘画,澳大利亚还有着出色的音乐和影视文化,在这个越来越国际化的国家里,享誉全球的歌手或电影明星层出不穷,不知道你是不是能说出几个?

　　随着 18 世纪末欧洲音乐的传入,澳大利亚开始产生了一批音调上受英格兰、苏格兰、爱尔兰歌曲影响的澳大利亚民歌,这可以算是澳洲音乐的雏形。19 世纪,悉尼及墨尔本等地开始陆续出现规模完整的音乐学校和交响乐队,享有全球声誉的女高音歌唱家梅尔巴等人也开始让澳大利亚的音乐走上世界舞台。

　　到了 20 世纪,澳大利亚的音乐也开始变得越来越国际化,不少音乐人不但能影响澳洲本土,更成了全球范围内的明星,比如 1987 年成名、活跃至今的凯莉·米洛（Kylie Minogue）、乡村音乐歌手凯斯·艾尔本（Keith Urban）、唱作人 Vanessa Amorosi、7 岁出道的女歌手 Delta Gooderm 和已经解散的流行乐队"野人花园（Savage Garden）",等等。摇滚乐也是澳洲人非常热爱的音乐类型,AC/DC、INXS、Air Supply、Midnight oil、Dirty Three 等传奇的老牌乐队都是这里的骄傲。

　　在热情的澳大利亚,几乎每个月都会有不同主题的音乐狂欢节日,拥挤的音乐节日程表上,舞蹈、蓝调、爵士、独立制作、摇滚、民谣和古典音乐等流派应有尽有,热爱音乐的人可以一年到头都不用休息了。

澳大利亚知名音乐节一览		
音乐节名称	举办日期	举办地
Summadayze 音乐节	一月	墨尔本、布里斯班、黄金海岸、珀斯
澳大利亚全国蓝调音乐节（National Festival of Australian Blues Music）	一月	古尔本（Goulburn）
Big Day Out 音乐会	一月、二月	悉尼、墨尔本、阿德莱德、黄金海岸、珀斯
圣杰罗姆巷道节（St Jerome's Laneway Festival）	二月	墨尔本、悉尼、布里斯班、阿德莱德
未来音乐节（Future Music Festival）	二月、三月	墨尔本、悉尼、布里斯班、阿德莱德
南根音乐节（Southern Roots Festival）	三月	霍巴特
墨尔本双年国际探索音乐节（Melbourne International Biennale of Exploratory Music）	三月、四月	墨尔本
墨尔本国际爵士音乐节（Melbourne International Jazz Festival）	三月、四月	墨尔本
堪培拉国际音乐节（Canberra International Music Festival）	五月	堪培拉
Bass in the Grass 音乐节	五月	达尔文
南澳乡村音乐节和颁奖礼（South Australian Country Music Festival & Awards）	六月	南澳大利亚
达尔文国际吉他节（Darwin International Guitar Festival）	七月	达尔文
约克爵士音乐节（York Jazz Festival）	十月	西澳大利亚

　　澳大利亚人不仅热爱绘画、文学和音乐，更钟情于电影艺术。澳大利亚人对体育的热情天下皆知，但统计显示这里看电影及参观艺术展的人数几乎是观看足球赛人数的两倍，每年有超过 70% 的澳大利亚人会排队去看电影，电影也成为澳大利亚人最主要的娱乐方式之一。

　　作为世界上最早建立电影业的国家之一，澳大利亚于 1896 年就在墨尔本的歌剧院中首次放映了电影短片。1906 年，第一部由澳大利亚人摄制的影片《凯利帮的故事》（*The Story of the Kelly Gang*）上映，标志着澳大利亚电影的诞生，这部电影也很可能是世界上第一部长故事片。

　　澳大利亚电影业的真正起飞是在 20 世纪 60 到 70 年代，随着电影委员会的成立，各类电影、电视学校的创办和电影资料馆的建立，澳大利亚的电影业开始进入黄金时期，年产影片在 20 部左右，有超过 900 座电影院和 1 亿美元的票房收入。从 1954 年开始，每年在 6 月初举办的悉尼国际电影节（Sydney Film Festival）是澳大利亚最大型的电影盛会，享有很高的国际声誉，在这里能了解到最新的澳大利亚电影文化。

　　本土电影制作的繁荣也使澳大利亚的电影业越来越受到国际的关注，很多杰出的电影导演和演员得以走向国际影坛，活跃在好莱坞的大银幕上。妮可·基德曼（Nicole Kidman）、凯特·布兰切特（Cate Blanchett）、罗素·克劳（Russell Crowe）、梅尔·吉布森（Mel Gibson）和休·杰克曼（Hugh Jackman）等在澳大利亚出生或长期生活在这里的大明星都成了澳洲"国宝级"的人物。

《凯利帮的故事》剧照

语言课时间 IV｜玛丽·吉尔默其人其诗

在澳大利亚文学史上占有重要地位的玛丽·吉尔默夫人是这片大陆上早期的女诗人，善于引用澳大利亚土著人的话语来表现他们的生活。她的诗句洋溢着爱国主义和人道主义精神，风格质朴、率直、热烈，用词简洁明了，被人形容为"散发着澳大利亚丛林的芬芳和泥土气息"。

玛丽·吉尔默 1865 年诞生在新南威尔士州的丛林地带，在成长的过程中，她非常熟悉澳大利亚的丛林、野生动植物和土著人。她的父母虽是劳动人民，却很有文化，教给她历史、哲学、自然、艺术和音乐等多方面的知识。玛丽曾和土著一道漫游丛林，参观他们所安置的捕鱼具，听他们唱歌，听部落里老人讲故事，这些经历给她后来的文学活动和政治活动带来了深刻的影响。

在漫长的创作生涯中，玛丽·吉尔默一直致力于争取澳大利亚的文化独立，她认为澳大利亚使用英语是种遗憾，假如有一种独特的"澳大利亚语"，这里的人们将会创作出更多优秀的作品。

玛丽·吉尔默出版有《结婚和其他》《热情的心》《战场》等多部诗集，除此之外，她还是澳大利亚第一位女工会成员，积极参与社会改革运动，为争取女性、儿童、残疾人和原住民的权利而奔走呼吁。由于在文学上的贡献，玛丽·吉尔默在 1937 年被封为女爵士，成为英联邦中所有国度里第一位荣膺这种尊称的妇女。

玛丽·吉尔默夫人

玛丽·吉尔默的诗作《年迈的植物湾》
Old Botany Bay by Dame Mary Gilmore
注：植物湾在诗中象征着澳洲的早期开拓者

我老了 植物湾； 关节僵硬， 沉默寡言。	I'm old Botany Bay; stiff in the joints, little to say.
我是那 开辟道路的人， 有了路你才能 舒适地前行；	I am he who paved the way, that you might walk at your ease to-day;
我是那 派去地狱的兵 沙漠中掘出 维系生命的井；	I was the conscript sent to hell to make in the desert the living well;
我承受酷暑， 披荆斩棘开路 背上尽是 伤痕血污。	I bore the heat, I blazed the track- furrowed and bloody upon my back.
我开采岩石： 我采伐森林； 靠我的劳动 国家才有今日！	I split the rock; I felled the tree: The nation was- Because of me!
年迈的植物湾 太阳升落其间 一天又一天…… 有些人岂不羞愧 居然想否认 是这双长满老茧的手 将一个民族高擎！	Old Botany Bay Taking the sun from day to day... shame on the mouth that would deny the knotted hands that set us high!

澳洲教育丨可能比你以为的还要强

教育体系丨职业教育是主力

亲爱的修斯：

　　最近好吗？听说你的期中考试成绩不错，祝贺你，小姑娘。我和妈妈已经商量好，等你放了暑假，你们一起来悉尼找爸爸玩，再参加一个当地的夏令营，让你能够更深入地了解澳大利亚这个国家，也看看这边的孩子们是如何学习生活的。在爸爸给你介绍澳大利亚的最后一个篇章里，我们就来聊聊澳大利亚的教育和学校，为你提前做个准备吧。

　　澳大利亚拥有国际公认的一流教育质量，对教学水平要求严格，以确保培养出成绩优异的学生。澳大利亚的教育体系主要由初等教育（小学）、中学教育（初中和高中）和高等教育（大学和职业学院）组成，初等教育和中学教育属于十二年学制的基础教育，其中1—10年级都是义务教育。

　　澳大利亚的宪法规定中小学及公立学院均由各州的教育部门负责管理，由联邦政府拨款资助，而大学则由联邦政府统一管理。这里的中小学大体分为公立学校、天主教学校和私立学校三类，大概有三分之二的孩子会选择在公立学校就读，因为对于澳洲公民以及获得永久居留权的移民来说，公立学校是免费的。当然，课本、校服、午餐等还是需要自己付费。

　　无论哪种类型，澳大利亚的中小学校都会依据全国统一的课程大纲设定基础教育的八个学习科目：英语、数学、科学、健康与体育、技术、社会及环境、艺术及英语以外的其他语言。这里的教育以学生为本，着重培养学生们的自信心、自发性及分析思考能力。大多数的学校设备先进完善，很重视互联网的推广和使用，图书馆更是必不可少的部分。

国内媒体经常宣传澳大利亚的学习环境有多么宽松，几乎零压力，然而事实情况并非如此，不要失望哟，修斯。

澳大利亚10年级之后的中学课程大体相当于我们中国的高中阶段，以面向大学升学为主，也包含职业性课程的训练准备。这一阶段一般不设必修课，选课范围广泛，方式灵活，学生只要自由选择6门修完即可，多修不限。优秀的学生也可以选修部分大学基础课程，升学后就可免修对应的内容。

由于联邦制的特殊性，澳大利亚各州对于高中毕业考试证书的称呼不同，但它们的功能是相同的，那就是大学录取和就业的资格证。以维多利亚州为例，学生读完12年级毕业后会获得维多利亚州教育证书（Victorian Certificate of Education，简称 VCE），如果想要升读大学，则需要参加一般学能测验（General Achievement Test，简称 GAT）。GAT 的得分与 VCE 的成绩加以综合后可以得到一个高等院校入学等级分（Tertiary Entrance Rank，简称 TER，在维多利亚也会称作 ENTER），TER 是学生报读大学的主要依据。这样做的目的是为了避免一次考试的偶然性，突出平时学习的重要性。

各州或领地对于入学等级分的称呼并不相同，在西澳、南澳、北领地和塔斯马尼亚，这个等级分会和维州一样叫作 TER，而在新南威尔士和首都领地则称为 UAI，到了昆士兰州又换了一种叫法——OP。虽然叫法不同，但等级分反映的学生水平是相同的，除了昆士兰州之外都是百分等级，满分为100分，UAI75 相当于 TER75 的水平，表明获得这个分数的学生的成绩相当于或略优于75% 的12年级应届生的成绩。

每年各大学录取学生时都会画出最低分数线，达到最低线的学生有机会被所申请的大学录取。有的专业有预备课程的要求，还会画出专业课程的最低线，而各专业也会在最低线的基础上通过问卷、面试等不同的方式挑选考生。达到了所有选拔条件的考生才可以拿到大学录取通知书。所以你看，修斯，在澳大利亚考取一所理想的大学也并非易事，一分耕耘，一分收获，这是走遍全世界都通行的道理。

澳大利亚共有 42 所大学，这些大学分布在全国的各个地区，除了三所私立大学外，其余均为公立大学。和我们中国不同，澳大利亚的学士学位一般为三年学制，只有医学、建筑学等个别专业会长达五年。

大学毕业后如果想继续攻读硕士学位，可在研究型（by research）和授课型（by course work）两种方式中择其一。授课型硕士的学习年限在一年到一年半左右，毕业前要完成论文；研究型硕士则一般需要一年半到两年时间。更高级的博士学位学制至少三年，一般都是研究型的。

澳大利亚的硕博教育以"宽进严出"著称，某些学校的淘汰率甚至会高达50%。到了这一阶段，学校一般就不会设固定教材了，而是重视能力的培养和导师的作用。同时，各学校也十分重视学生对于教师的评价，内容涉及课程设计的合理性、理论和方法的新颖度、多媒体技术的使用情况、授课的规范性和吸引力等。

对于高中毕业后没有选择报考大学的人们，澳大利亚也有着完善的职业技术学院教育系统（Technical and Further Education，简称 TAFE），以确保人们具备就业所需的技能。TAFE 教育不分年龄，人们随时可以选择学习新技能。

澳大利亚全国共有职业技术学院 232 所，其中有 64 所公立学院，向全国 70%的高中毕业生提供着广泛的专业技能课程，学制一般为 2—3 年，绝大多数学校会向毕业生颁发 1—4 级证书（Certificate）、文凭（Diploma）和专科文凭（Advanced Diploma）。澳大利亚各州的 TAFE 体系虽然各不相同，但文凭是全国通用的，证书受到各大学和雇主的广泛认可，取得文凭或专科文凭的 TAFE 毕业生也可以通过分数转换进入大学继续深造。

从 1995 年起，澳大利亚出台了一套涵盖全国高等教育、职业教育与培训以及高中教育的学历资格认证框架——AQF（Australian Qualifications Framework）。AQF共分为 10 个等级，允许就读的人们从体系内的一个教育阶段进入下一个阶段、从一所院校升读到另一所院校，还为学生们提供了更多的职业选择，加大了职业规划的灵活性。

知名学府▏原来国际排名这么高

亲爱的修斯：

　　等你来到澳大利亚，爸爸会带你和妈妈好好逛一逛悉尼大学、墨尔本大学等知名学府，你知道么，不少人都觉得那些古色古香的建筑群看起来很像你喜欢的《哈利·波特》（*Harry Potter*）中的魔法城堡呢。

和很多欧美国家不同的是，澳大利亚最知名的高等学府都是公立大学。"大学（university）"一词在这里受到联邦法律的保护。大学的建立需要在学术和财务等方面，得到专家学者和政府部门的评估认可，并由立法部门立法通过。

澳大利亚的大学虽然数量不多，但整体质量非常高，在国际上具有相当的名气和竞争力，也使得这里成为全球最重要的教育枢纽之一。澳大利亚的大学既融合了美国式的开放校风，又延续了英国式的传统精英式培育方式，比如悉尼大学和墨尔本大学仿效的就是英国牛津大学和剑桥大学的模式，培养出了多名诺贝尔奖得主和具有国际知名度的科学家。

在澳大利亚，说起八大名校（Group of Eight），几乎无人不知。这是由全国最著名的八所大学组成的高等学校联盟，学术地位相当于美国的常春藤盟校：

澳大利亚八大名校一览		
澳洲国立大学	The Australian National University	堪培拉
悉尼大学	The University of Sydney	悉尼
墨尔本大学	The University of Melbourne	墨尔本
莫纳什大学	Monash University	墨尔本
新南威尔士大学	The University of New South Wales	悉尼
昆士兰大学	The University of Queensland	布里斯班
阿德莱德大学	The University of Adelaide	阿德莱德
西澳大学	The University of Western Australia	珀斯

在这八所顶级名校之中，澳洲国立大学是排名最高的学府，在全球范围内也是在前二十名之列的顶尖大学（在一些评比中也经常排在前十名）；而历史悠久的悉尼大学和墨尔本大学不分伯仲，在世界顶级大学排名中常常位次相邻，排名在 40 位左右；另外的几所大学虽然知名度稍低，但也是世界百强大学排名中的常客。

除了顶尖的八大名校，澳大利亚的其他大学也习惯以相同的主题或研究方向组成联盟，以加强校际间交流及学术共享。

澳大利亚科技联盟 Australian Technology Network	澳大利亚创新研究联盟 Innovative Research Universities
墨尔本皇家理工大学 Royal Melbourne Institute of Technology	麦考瑞大学 Macquarie University
悉尼科技大学 University of Technology Sydney	拉托贝大学 La Trobe University
昆士兰科技大学 The Queensland University of Technology	格里菲斯大学 Griffith University
南澳大学 University of South Australia	福林德斯大学 Flinders University
科廷科技大学 Curtin University of Technology	默多克大学 Murdoch University
以理工、社会科学、创新研发以及 文化创意产业的教学成就享誉全国	纽卡斯尔大学 Newcastle University
	目标是建立起共享的科研应用中心

因为这些公立大学需要政府给予各方面的财政补助，因此澳洲政府也会频繁地从多方面来综合评定各所大学的排名，以决定给予经费支持的力度。在由联邦政府主导的官方大学排行榜中，澳洲国立大学、悉尼大学、墨尔本大学、昆士兰大学和新南威尔士大学都被认为科研能力远高于国际水平；而西澳大学、阿德莱德大学、莫纳什大学、麦考瑞大学、格里菲斯大学、昆士兰科技大学和墨尔本神学院（Melbourne College of Divinity）的科研能力也完全符合国际水平。

悉尼大学的经典一角

留学之路 | 小学生也可以来澳留学

亲爱的修斯：

　　等你亲身感受过澳洲的学校氛围之后，不知道会不会喜欢上这里的校园生活，甚至选择长大后来这里的大学深造。要知道，作为世界上最热门的留学目的地之一，每年都有无数来自各个国家的年轻人涌入这里的各个校园。

　　澳大利亚的教育质量在国际上有口皆碑，这个人口不足世界人口总数 0.5% 的国家却贡献了超过全球 3% 的科研成果。良好的学校声誉、包容的社会文化、优美的自然环境都是这里受欢迎的理由。成熟完善的海外留学产业也为澳大利亚直接带来每年超过 160 亿澳元的外汇收入，成为各州政府和整个联邦政府的支柱型财政收入之一。

　　每年从海外前往澳大利亚留学的学生多达几十万人，由于地理方面的原因，这些留学生中的 90% 以上都来自亚太地区，中国、印度、马来西亚、新加坡、印度尼西亚、韩国、日本都是留学澳洲的主力国家。我们中国早在 2008 年就已超过印度，成为赴澳留学的第一大国，每年前来这里深造的学生人数不少于 10 万，占到所有海外留学生人数的四分之一左右。其中，大约有 40% 的中国留学生会选择大学、硕士或博士阶段的高等教育，管理类和经济类专业最受欢迎，而其他留学生则会根据自身的情况选择英语语言培训、职业教育与中小学教育等。

　　为了满足大量英语达不到入学要求的国际学生的需求，澳大利亚设立了许多语言学校，很多大学和 TAFE 学院也会设立语言班课程。国际学生学习 10—40 周的英语后再经过考试，合格即可升入大学和 TAFE 进行正式的学习。不少大学还会为海外留学生专门设计大学预科课程（Foundation Studies），帮助那些已经在自己国家完成 12 年基本教育，但成绩不够直接进入澳大利亚大学的留学生们。预科班课程与大学课程紧密相关，预科班考试成绩合格后即可进入大学开始正式的学习。

对于年龄更小的海外留学生来说，可以选择在各州的公立学校或私立学校就读，多数学校也会贴心地协助海外留学生解决在当地家庭的寄宿问题。近年来澳洲政府还开放了小学生留学签证，允许海外的小孩子们从一年级开始就接受澳式的系统教育。

虽然在澳大利亚留学的花费不菲，但据统计显示，多数留学生对于在这里的学习成果和留学经历都感到十分满意。灵活的教学方式和学制安排、过硬的师资力量、良好的治安环境、国际普遍承认的学历证明都是前往澳洲留学的优势。中国教育部也已经和澳大利亚政府签订了学历互认协议，澳洲所有的公立大学都获得了中澳双方的共同认可，所有认证学校均位于世界 700 强之列。

中外文化大不同 | 轻松只是表象

小修斯：

在这里上学，也会有比较明确的学习指标和升学考试压力，并不像国内一些媒体宣传的那样轻松。但不可否认的是，由于教育理念偏向自由化，着重培养独立思考能力、动手能力和综合能力，课后作业很少，所以这里的孩子玩耍的时间明显比国内多。

在澳大利亚，无论是公立学校、教会学校还是私立学校，都会要求学生们着装统一，校服、黑色校鞋和可以抵挡强烈阳光的太阳帽是学生们的日常标配。至于你问到这里的学生是否可以化妆？怎么说呢，对于高年级的学生，学校和老师都不会强令禁止学生有化妆之类的个性行为，但实际上，在崇尚自由、简单的澳大利亚，即便是已经走入社会的女孩子大多平日里都是素颜，尽情展现自己的青春活力和美好，化妆上学的情况，起码爸爸从来没有见过。

爸爸也为你介绍过了从澳大利亚中学如何升入大学。可以说，想要进入一所大学，特别是八大顶级高校进行深造，并不是一件轻易的事情。虽然在校学习期间不会有老师提出"补课"的情况，但这里的一些学生同样会在课外参加各种学习班或补习班。

澳洲的公立学校从小学阶段开始就会为尖子学生设立专门的 Opportunity Class——简称 OC 班，到了中学阶段更会有专门招收学术表现突出、有深造潜力学生的精英中学（Selective Entry High Schools）。进入 OC 班或精英中学的竞争相当激烈，录取比例分别在 17% 和 25% 左右，以新南威尔士州为例：全州 1700 多所公立小学中只有 75 个小学设有 OC 班。能够让自己的孩子进入 OC 班—精英中学—顶级大学的"优秀轨道"是很多家长，尤其是亚洲家长们非常看重的事情，因此，在一些课外补习班中，能够见到很多中国、韩国和印度面孔的中小学生们，他们的学习压力和我们国内的中小学生可以说在伯仲之间。

附录Ⅰ
前往澳大利亚的重要联系方式和注意事项

通用联系方式

与国内报警、医疗、火警需要拨打各自号码的方式不同，在澳大利亚，火警、医疗救护车包括跟犯罪有关的紧急报警都是同一个号码——000，这个号码不仅被设置成最容易记住的组合，而且全国通用，无论用手机还是固定电话拨打都是免费的。

对于外国人来说，遇到紧急情况，通常会下意识地拨打已经熟记于心的本国求救电话，因此澳洲政府也贴心地在境内把各国的紧急电话号码（如美国的 911、中国的 110 等）都自动对接到 000 线路上。

拨通 000 之后，会被询问几个关键问题，比如是要找警察还是要叫救护车，或是哪里着火了，然后说清发生地点和事情大体经过即可，如果觉得语言有障碍，还可以要求翻译服务，第三方的翻译电话会很快被接入进来。

在澳大利亚这个移民国家，与政府部门对接的各类内容都可申请翻译服务。翻译热线电话是 131450，中文方面会提供普通话（Mandarin）和广东话（Cantonese）两种语言服务，其他的语言种类更多达几十种。

澳大利亚全国通用的报警求助电话号码		
报警求救	000	匪警、急救、消防共用
备选求救电话	112	仅限手机用户拨打
警方求助	131444	偷盗、失窃、一般交通事故、财物丢失等突发情况
翻译热线	131450	——
风暴洪灾热线	132500	——
制止犯罪热线	1800 333000	——
家庭暴力求助	1800 200526	——

中国使领馆联系方式

中国驻澳大利亚大使馆设立在首都堪培拉，在悉尼、墨尔本、布里斯班、阿德莱德和珀斯等主要城市都设有领事馆，可以为在澳大利亚居住或短期旅行的中国人提供各方面的帮助及咨询服务。

中国驻澳大利亚使馆、总领馆领保协助电话：

驻澳大利亚使馆： 02 6228 3948

驻悉尼总领馆： 02 9550 5519

驻墨尔本总领馆： 0417 114 584

驻珀斯总领馆： 0416 132 339

驻布里斯班总领馆： 0406 318 178

驻阿德莱德总领馆： 0423 680 789

外交部全球领事保护与服务应急呼叫中心电话：

+86-10-12308 或 +86-10-59913991

领事证件服务（护照、公证认证等）咨询电话：

驻澳大利亚使馆： 02 62283998

驻悉尼总领馆： 02 85958002

驻墨尔本总领馆： 03 98220604

驻珀斯总领馆： 08 92218933

驻布里斯班总领馆： 07 32106509

驻阿德莱德总领馆： 04 21419598

各领区签证申请服务中心咨询电话：

堪培拉签证申请服务中心： 02 6279 7800

悉尼签证申请服务中心： 02 9475 8800

墨尔本签证申请服务中心： 03 9937 2308

珀斯签证申请服务中心： 08 9220 3800

布里斯班签证申请服务中心： 07 3031 6300

详情可查询网址：http://au.china-embassy.org/chn/lsfw/VisaCenter/

安全注意事项

1. 澳大利亚良好的社会治安全球闻名，相比欧美很多国家，这里很少出现带有种族歧视色彩的恶性事件，因此这里的警察数量也相对较少，且效率并不出色。

前来澳大利亚即使在悉尼、墨尔本等人口最稠密的地区，也无需为人身或财产安全问题太过担心，到了人口稀少的村镇，更能感受到几乎夜不闭户的安全氛围。

然而，由于移民国家的性质，城市内还是会有一些偏激分子聚居的区域，应尽量避免前往。在晚间，尤其是周四至周六的晚上，城市繁华地带会出现大量饮酒的人，挑衅滋事的概率也会提高。在车站、停车场等处，也要有提防抢劫犯罪的安全意识，建议尽量结伴出行。

2. 澳大利亚人平时消费形式以刷卡为主，建议出门时尽量避免随身携带贵重物品或大量现金，锁在车内也是不稳妥的。

3. 由于澳大利亚保持着传统英联邦国家的车辆靠左行驶的习惯，因此在过马路时，一定要注意先看右边有无来车再看左边，这与国内截然相反。

在设有行人红绿灯的路口，遇到红灯时一定要停下等待，遇到绿灯时则要快步通过。澳大利亚的行人红绿灯通常会设有按钮，如果不摁下，则一直不会变为绿灯；而当绿灯亮起时，很快就会闪烁跳动，并伴有急促的"滴滴"声，提醒行人不要在斑马线上停留。

澳大利亚贯行"行人优先"原则，车辆会严格让行斑马线上的行人，因此在没有设立行人红绿灯的斑马线上，依然可以放心大胆地通过。

4. 来到澳大利亚，如果不去海边或沙滩晒晒太阳，简直可以说是暴殄天物。但在海边游玩时，切忌在安全区域以外的地方游泳或冲浪。澳大利亚的绝大多数海滩上都会立有红黄两色的旗帜，旗帜之间即为安全区域，多数海滩也会设有救生处（Life Guard），万一出现紧急情况，可以随时向救生员求救。

在国家公园等景点游玩时，也应该留意景区内的安全标志与警告，避免靠近悬崖等危险地带。澳洲的野生动物很多，在接触它们时，一定要听从工作人员的指引和建议，不要擅自触摸和逗弄野生动物，避免受到伤害。

自驾车指南

无论是前往澳大利亚居住还是游玩，自驾车都是最便捷的出行方式，但由于和国内的驾车方向及部分交通法规的区别，在澳大利亚开车应特别注意一些规则和细节，以确保自己和他人的生命安全。

1. 凡持有中国驾驶执照者都可以在踏进澳大利亚的三个月内合法驾驶12座（含）以下的机动车。需要注意的是，驾照必须是中英文对照的新版，没有中英文对照的驾照必须附带合格的英语翻译证明或公证书，驾驶时也应随身携带本人护照以备对照查验。

2. 由于澳大利亚使用英联邦交通规则，车辆靠左行驶，因此一定要随时保持精力集中，尤其在车辆稀少的路段和车辆转弯的时候，以免不经意间驶入逆向车道。

澳洲的车辆驾驶员座位设在右侧，很多车型的方向灯和雨刷开关都与国内车辆相反，需要一段时间来适应。

任何驶进环岛的车辆都要减速礼让右侧车辆，让对面打右转向灯的车辆先行，而不用管左侧车辆。

3. 澳大利亚几乎所有的道路都设有明显的限速标志，不少路段还会有摄像头监控或埋伏在事故多发地段的警察移动相机，超速会被处以高额罚款。

城市间的学区路段一般会设有限速 40 公里的明显标志，在上下学时段里，任何车辆都不得超过这个时速；多数公共巴士的后部也有这个标志，当它闪烁时，切记不得超速或随意超车。

4. 在路口遇到红灯时，必须停车，左转弯的车辆也需要遵守此规定，除非路口有允许在任何时刻左转的提示牌。即使在绿灯正常左转时，如果路口的斑马线上有行人通过，一样需要停车等待。

在没有红绿灯的路口，凡出现红色的 STOP 标志牌的时候，必须在地面白色实线的停车线前把车停稳，等候主路上所有来往的车辆经过后再安全启动；而遇到 GIVE WAY 标志时，同样需要在地面的白色虚线前把车速降到最低，观察清主路的交通情况后再穿过或驶入主路。

5. 驾车时，无论驾驶者还是乘客都必须系好安全带，不要存在侥幸心理。澳洲很多路段都设有摄像仪监控或巡警监测，不系安全带也会被处以罚款。

澳大利亚对于驾车时使用手机有着非常严格的规定，开车时绝对不能打电话、发短信或浏览信息，即使遇到红灯停车时也不例外。

除非紧急情况，一般不建议按响汽车喇叭，哪怕前面的车犯了错，否则会被认为是粗鲁的表现。

如果车内有儿童，应注意所有儿童都不可坐前排座位。针对不同年龄段的儿童还有使用安全椅的详细规定。

6. 澳洲城市的市区交通一般道路狭窄，路况复杂，停车位紧张，且收费昂贵。在路边停车时，即使是合法停车位，也一定要注意是否限时，以及是否收费。付费车位附近都会设有自动收费机，绝大多数接受现金及信用卡，使用这些收费机时需预估停留时间，打印出停车票后要放入前挡风玻璃后的醒目位置，千万不要随身携带，否则一样会被视为没有付费。

在澳洲停车时，还要注意不要把车停在印有残疾人标记的车位上，这属于非常严重的违规行为，不仅会被处以最高等级的罚款，还会被人鄙视。

其他注意事项

1. 气候

位于南半球的澳大利亚气候与中国相反，9—11 月为春季，12—次年 2 月为夏季，3—5 月为秋季，6—8 月为冬季。由于幅员辽阔，各个地区的气候也不尽相同，北部的昆士兰州和北领地常年气温较高，四季并不分明，即使在冬季前往也能下海游泳；而南部的维多利亚州和塔斯马尼亚岛的冬季则比较寒冷，塔岛距离南极大陆很近，甚至可以看到极光；位于东南部的新南威尔士是澳大利亚公认的气候最宜人的地区，冬季最低气温也会在七八度左右，夏季出现极端高温天气的情况也不多。

由于整个澳大利亚和新西兰上空的臭氧层出现破洞，因此这里的紫外线照射强度非常高，澳大利亚是世界上皮肤癌发病率最高的国家之一。来到这里，遮阳帽、太阳眼镜和防晒霜是户外活动时必不可少的三大利器，尤其是在海边的时候。

如果选择在澳大利亚的国家公园或荒漠地区徒步，则一定要记得提前了解当地的天气情况，带好雨衣和保暖外套，因为森林或荒漠地区的昼夜温差很大，午间酷热，而夜间的温度经常会下降二十多摄氏度。

2. 入境

澳大利亚是一片单独的大陆，或者说是一个独立的"岛屿"，因此对入境旅客的携带物品检查十分严格。入境前填写的入境卡中会明确标出不许带入的物品，对于食品、动植物制品、药品等，一定要在入境卡上如实填写，否则很可能会被处以巨额罚款，甚至被禁止入境。

澳大利亚对烟草和酒精的控制也十分严格，从 2017 年起，每个 18 岁以上的成人只允许携带不超过 25 克的烟草制品以及不超过 2250 毫升的酒精饮品。澳大利亚是世界上控烟最严格的国家之一，理论上有顶棚覆盖的公共场所都是禁烟区域，所有的餐厅、咖啡厅和酒店等室内公共场所都严禁吸烟，也许这也是澳洲空气纯净的一个原因吧。

3. 旅游注意事项

虽然在澳大利亚的大城市里并不缺少各种星级酒店，但当地人度假时更倾向于干净实惠的服务型公寓或别墅。近年来，共享型的度假屋也很受青睐。澳大利亚的酒店或公寓一般卫生良好，并提供毛巾、洗浴用品等，但不会提供牙膏、牙刷及拖鞋。

在离不开手机和 iPad 的今天，充电和上网是大多数人关心的重点。澳大利亚所用的三角电源插头与众不同，因此要准备好适当的插头转换器。从悉尼或墨尔本的国际机场，到城市内的餐厅、酒吧、休闲娱乐场所等公众区域，大多都有免费的无线网，但多数旅游景区内并不会提供此类服务，在偏远的国家公园或公路上，甚至当地的电话卡也会丢失网络信号。

在澳大利亚，服务行业并没有强制收取小费的硬性规定，但如果对对方的服务感到满意，出于礼貌，还是建议给予一定金额的小费。

此外，在澳大利亚的很多热门旅游景点，都会看到土著人的身影。澳洲的土著居民较为保守，一般不喜欢游客给他们拍照，如果希望与他们合影，一定要先争取到对方的同意，而不要采取偷拍的手段。

修斯小淘气包：

听说你最近变乖了许多，不但课上不捣蛋了，还积极回答问题，更是和几个小伙伴成立了"秘密笔记"研学小组，利用课余时间查询各个国家的历史、地理、文学、绘画等资料，还要代表学校参加"模拟联合国大会"了。爸爸好开心能亲手为你打开这扇看世界的窗口。你们的未来真是不可限量。

爱学习固然是好事，但也要有时有晌，你现在正长身体呢，不要忘了体育运动。对了，游泳学得怎么样啦？等你到了澳大利亚，爸爸还要带你去冲浪呢！

关于澳大利亚，爸爸给你拉拉杂杂地讲了那么多，你对哪部分最感兴趣呢？让我先猜一下，修斯一定想去菲利普岛看摇摇摆摆的小企鹅归巢，或者是去龙柏考拉动物园亲手抱抱呆萌的考拉，要不然就是去墨尔本郊区坐普芬比利蒸汽小火车，把双脚悬出车外……竟然忘了修斯是个小吃货，第一站爸爸就要带你去悉尼鱼市场，洗脸盆那么大的皇帝蟹、大龙虾、鲍鱼、鲜活肥壮的生蚝和各种各样的贻贝、海鱼，一定让你吃到肚歪。

如果这都还没说到你心里，那我就有答案了——去塔斯马尼亚的亚瑟港历史遗址参加"幽灵之旅"。在黑灯瞎火中游走在关押过重刑犯的牢房、教堂、医院之间，听工作人员讲解真实过往和"灵异事件"，简直比密室逃脱还刺激。不瞒你说，我还从来没敢进去过，我先问问如果允许小孩子进的话，咱爷俩搭个伴儿。先别和妈妈说，拉钩。

你的盟友爸爸

图书在版编目（CIP）数据

澳大利亚的遥远来信 / 谢隆岗著；谢泽冰绘. —北京：中国国际广播
出版社，2018.9
（修斯的秘密笔记）
ISBN 978-7-5078-4339-2

Ⅰ.①澳… Ⅱ.①谢… ②谢… Ⅲ.①澳大利亚—概况—青少年读物
Ⅳ.① K961.1-49

中国版本图书馆CIP数据核字（2018）第157721号

修斯的秘密笔记：澳大利亚的遥远来信

著　　者	谢隆岗	
绘　　者	谢泽冰	
责任编辑	张　亚　李　卉	
版式设计	国广设计室	
责任校对	张　娜	

出版发行	中国国际广播出版社 ［010-83139469　010-83139489（传真）］
社　　址	北京市西城区天宁寺前街2号北院A座一层
	邮编：100055
网　　址	www.chirp.com.cn
经　　销	新华书店
印　　刷	天津兴湘印务有限公司

开　　本	710×1000　1/16
字　　数	235千字
印　　张	15.5
版　　次	2019 年 3 月　北京第一版
印　　次	2019 年 3 月　第一次印刷
定　　价	59.00 元